Objetos de aprendizagem

EDITORA
intersaberes

Objetos de aprendizagem

Antonio Siemsen Munhoz

EDITORA intersaberes

Rua Clara Vendramin, 58 . Mossunguê
CEP 81200-170 . Curitiba . PR . Brasil
Fone: (41) 2106-4170
www.intersaberes.com
editora@editoraintersaberes.com.br

conselho editorial
Dr. Ivo José Both (presidente)
Drª Elena Godoy
Dr. Neri dos Santos
Dr. Ulf G. Baranow

editora-chefe Lindsay Azambuja

supervisora editorial Ariadne Nunes Wenger

analista editorial Ariel Martins

preparação de originais Priscilla Correa César / Keila Nunes Moreira

copidesque Sandra Regina Klippel

capa e projeto gráfico Mayra Yoshizawa

iconografia Danielle Schotlz

Informamos que é de inteira responsabilidade do autor a emissão de conceitos.

Nenhuma parte desta publicação poderá ser reproduzida por qualquer meio ou forma sem a prévia autorização da Editora InterSaberes.

A violação dos direitos autorais é crime estabelecido na Lei nº 9.610/1998 e punido pelo art. 184 do Código Penal.

1ª edição, 2013.

Foi feito o depósito legal.

Dados Internacionais de Catalogação na Publicação (CIP)
(Câmara Brasileira do Livro, SP, Brasil)

Munhoz, Antonio Siemsen
  Objetos de aprendizagem / Antonio Siemsen Munhoz. – Curitiba: InterSaberes, 2013.

  Bibliografia.
  ISBN 978-85-8212-661-5

  1. Educação a distância 2. Educação – Recursos de rede de computador 3. Ensino auxiliado por computador 4. Objetos de Aprendizagem (OA) 5. Sistemas de ensino 6. Tecnologia da informação e da comunicação 7. Tecnologia educacional I. Título.

12-10223   CDD-371.334

Índice para catálogo sistemático:
1. Objetos de aprendizagem: Tecnologia educacional: Educação 371.334

Sumário

Agradecimentos   8
Apresentação   9

1 | Bases de sustentação para o estudo dos Objetos de Aprendizagem (OAs) .. 13

2 | Apresentação dos Objetos de Aprendizagem (OAs) 27

2.1 Fundamentos 28
2.2 A importância dos OAs 32
2.3 Metodologia 44

3 | Visão sobre o atual posicionamento docente 53

3.1 O estado da arte 54
3.2 Conhecimentos necessários ao docente 59
3.3 Comportamento discente 64
3.4 Linguagem e mediação 68
3.5 Tecnologias disponíveis 72

4 | Estruturas dos Objetos de Aprendizagem (OAs) 79

4.1 Questionamentos mais comuns sobre os OAs 80
4.2 O que são os OAs 81
4.3 Tecnologias subjacentes aos OAs 84
4.4 Metadados 85
4.5 Repositórios de Objetos de Aprendizagem (ROAs)   87

4.6 Interoperabilidade (portabilidade) 88
4.7 Quem desenvolve? 89

5 | Projeto dos Objetos de Aprendizagem (OAs) 93

5.1 Bases para o projeto 94
5.2 Procura e recuperação dos OAs 99
5.3 Reutilização dos OAs 100
5.4 Granularidade 102

6 | Manuseio dos Objetos de Aprendizagem (OAs) 105

6.1 Acesso aos OAs 106
6.2 Adaptação dos OAs 107
6.3 Manutenção dos OAs 110

7 | Questões pedagógicas 119

7.1 Sobre a necessidade da tecnologia de OAs 121
7.2 Motivação dos usuários 124
7.3 Disponibilidade e acesso 126
7.4 Como desenvolver em sua instituição 128

8 | Questões complementares 129

8.1 Benefícios pedagógicos 130
8.2 Os tipos de OAs 132
8.3 O papel do usuário docente no uso dos OAs 134
8.4 O papel do usuário discente no uso dos OAs 137

9 | O Projeto Instrucional (PI) e os Objetos de Aprendizagem (OAs) 141

9.1 Características de um PI 142
9.2 Os mapas conceituais e os OAs 144

9.3 Os *storyboards* e os OAs 146
9.4 Os roteiros e os OAs 150

10 | Ideias pedagógicas 153

10.1 As teorias de aprendizagem e os OAs 154
10.2 A andragogia e os OAs 156
10.3 A aprendizagem fundamentada na
resolução de problemas e os OAs 159
10.4 A pedagogia diferenciada e os OAs 161
10.5 Aprendizagem colaborativa e os OAs 164
10.6 O sociointeracionismo e os OAs 169
10.7 As ideias pedagógicas e os OAs 171
10.8 Os pilares da educação no século XXI e os OAs .. 175

11 | Questões éticas 179

11.1 Código de ética 180
11.2 Consequências pedagógicas do uso dos OAs 182
11.3 Consequências ideológicas do uso dos OAs 184

12 | Aspectos complementares 189

12.1 A influência da tecnologia 190
12.2 A linguagem como mediadora do
processo pedagógico 194
12.3 O diferencial da interatividade 199

Considerações finais   203
Referências   211
Nota sobre o autor   221

Agradecimentos

Agradeço ao apoio de minha esposa Reini, ao extensivo trabalho de revisão desenvolvido por Priscilla Correa César e ao Grupo Uninter pelo apoio à efetivação de um ideal.

Apresentação

Esta obra tem o objetivo de apresentar a você – docente, aluno ou, simplesmente, um leitor interessado – um panorama sobre o sempre ativo embate entre o didático e pedagógico e o tecnológico, áreas de tradicional conflito que estão em mais uma arena de discussões: a tecnologia de objetos de aprendizagem (OAs).

Essa tecnologia é voltada para o barateamento e o aumento de qualidade, que somente se obtém com um processo de produção, em larga escala, de materiais didáticos de educação a distância (EaD). A industrialização proposta, embutida no corpo dessa tecnologia, é o primeiro ponto de discussão. Se você já vivenciou o ambiente acadêmico, sabe que a simples tentativa ao trato de qualquer assunto educacional sob o prisma corporativo ou capitalista recebe uma saraivada inicial de críticas.

Neste livro, tratamos os OAs como ferramentas para o benefício ou a melhoria da qualidade do processo de ensino-aprendizagem, com a utilização desses recursos incorporada em nossa prática diária. Também nos concentraremos em investigar as melhores formas de trabalho, recomendadas para que você possa compreender o que é essa tecnologia, utilizá-la em seus trabalhos e integrar-se a uma corrente de criadores de novos conhecimentos na área.

Esta obra está dividida em 12 capítulos, que foram didaticamente orientados, nos quais se sacrifica o rigor acadêmico em benefício de uma linguagem empática com o leitor e de um nível de interatividade para que você alcance o objetivo de conhecer essa tecnologia e se torne um dos criadores de OAs.

No Capítulo 1, você terá uma introdução ao tema, na qual se apresentam as origens dessa tecnologia e os requisitos básicos para compreendê-la, não apenas pela simples aquisição de uma nova informação ou por modismo, mas para que ela seja reconhecida e utilizada na criação de novas formas de ensinar e aprender.

O Capítulo 2 apresenta a tecnologia dos OAs com o propósito de ocultar a complexidade tecnológica e dar destaque à sua flexibilidade na utilização. Assim, sugere que você a aplique às suas necessidades, seja na criação como docente, seja no uso como discente. O Capítulo 3 questiona o posicionamento atual dos docentes e discentes e analisa os desafios que são impostos a eles pela mediação tecnológica, de uso cada vez mais extensivo.

O Capítulo 4 examina a estrutura dos OAs e as dúvidas mais frequentes sobre essa questão, respondidas com o esclarecimento necessário para que esses elementos sejam úteis para o desenvolvimento das atividades de ensino-aprendizagem. O Capítulo 5 adota o mesmo enfoque particularizado para o desenvolvimento dos projetos dos OAs. O Capítulo 6, seguindo a mesma perspectiva de esclarecimento, analisa as formas de manuseio dos OAs, orientando sobre as formas de acessá-los e de efetivar a manutenção sobre eles.

O Capítulo 7 realiza uma investigação voltada para os aspectos pedagógicos sobre as influências do uso dos OAs nas atividades de ensino-aprendizagem sob a perspectiva docente e discente. O Capítulo 8 trata questões complementares que envolvem novos comportamentos e novas atitudes, tanto docentes quanto discentes, relacionados ao uso da tecnologia de OAs. O Capítulo 9 dá destaque à importância da presença do projeto instrucional de cursos que vão utilizar a tecnologia de OAs na produção de seus materiais didáticos com o uso de múltiplos meios.

O Capítulo 10 trata, de forma individual e detalhada, de uma série de ideias pedagógicas que montam um mosaico não ligado a nenhuma teoria de aprendizagem particular, mas que se demonstrou eficaz na aplicação da tecnologia de OAs. O Capítulo 11 apresenta especificamente questões éticas e de direitos autorais, tópicos que se demonstram necessários com o uso da tecnologia dos OAs. O Capítulo 12 discorre sobre diversos aspectos complementares que abordam o uso da linguagem como mediadora do processo pedagógico e a necessidade da presença da interatividade, finalizando com uma visão sistêmica que lança o desafio de novas pesquisas em torno da tecnologia de OAs, como maneira de tornar mais eficaz sua utilização.

Em diversos pontos desta obra, você encontrará destacadas algumas questões para revisão. São aspectos que foram assinalados para que você possa se exercitar como pesquisador e aprofundar as suas próprias fontes de informação.

Além disso, ao longo dos capítulos, você encontrará a proposta de estudos complementares. Esteja atento para as instruções dadas, mas não se restrinja a elas. Procure – seja na bibliografia, seja por meio da internet – ampliar seus conhecimentos sobre os assuntos, pois são conteúdos que podem ajudá-lo a atingir seus objetivos de aprendizagem e a aprofundar seus conhecimentos sobre a tecnologia de OAs, que está em crescente utilização e que pode lhe dar um importante diferencial competitivo.

Blogs

Capítulo 01

Bases de sustentação para o estudo dos Objetos de Aprendizagem (OA)

Aqueles que são como você – docentes, alunos, pesquisadores ou curiosos sobre a área da educação – podem observar o uso crescente das Novas Tecnologias da Comunicação e da Informação (NTICS) nos processos atuais de ensino-aprendizagem. Um fator negativo se destaca nesse panorama: a falta de formação para o uso da mediação tecnológica por grande parte do corpo docente e por parte menor do corpo discente.

O conjunto de usuários dos ambientes enriquecidos com a tecnologia pode ser dividido em quatro vertentes, classificadas por Mattar (2010). A primeira, denominada *nativos digitais*, é a "Geração Z" (nascida nos anos 1990). A segunda, os imigrantes digitais, é a "Geração Y" (nascida nos anos 1980). A terceira é formada pelo grupo de usuários que apenas utiliza o computador como ferramenta de produtividade, a "Geração X" (nascida nos anos 1960 e 1970). A última geração, constituída pelos usuários eventuais, que são despreparados ou resistentes, são os *babyboomers* (nascidos após a Segunda Guerra Mundial).

Essas gerações convivem nos mesmos ambientes educacionais e fazem parte das Comunidades de Aprendizagem Virtuais (CAV), estabelecidas nos Ambientes Virtuais de Aprendizagem (AVA) – ou *Virtual Learning Environments* (VLE) –, o que se constitui em um grande desafio.

Nesse ambiente, mesclado por diferentes matizes, se você é docente ou discente em processo de requalificação, pertencente às três últimas gerações citadas, faz parte da maioria de usuários, que não está devidamente preparada para dominar todas as possibilidades de melhorias das ações e práticas – docentes e discentes – a serem desenvolvidas nos ambientes, enriquecidos com a tecnologia. Neles, é extensivo o uso do ambiente virtual e, em particular, dos AVA.

> A questão da diversidade de gerações é importante e é apontada como um desafio, porque exige formas distintas de comunicação entre pessoas que têm visões diferentes de mundo e que estão acostumadas a desenvolver diferentes tipos de falas. Destaque esse aspecto em suas anotações de estudo.

O desafio colocado a seguir sugere diferentes medidas iniciais:

- Orientar todos os participantes dos ambientes enriquecidos com a tecnologia para aprendizagem, compreensão e uso de mediação tecnológica.
- Unir as pessoas em comunidades virtuais voltadas para as atividades de ensino-aprendizagem de temas de interesse em comum e promover a derrubada dos muros que separam a escola do mundo exterior.
- Criar maneiras de disseminar conhecimentos de forma ágil e fácil. Na atualidade, o tempo para os relacionamentos foi roubado pela velocidade ímpar com a qual os acontecimentos se sucedem, em interminável sequência.
- Recuperar o senso crítico e a criatividade, perdidos na superficialidade do ensino de coisas acabadas e prontas pela coerção ao seu desenvolvimento pelas instituições de ensino fundamental e básico.
- Combater a "sociedade do espetáculo" (Debord, 1997). Ela provoca a troca do real pelo imaginário, o que, na prática, evita que relacionamentos fraternos voltem a nortear as ações humanas.

Para vencer esses desafios, é preciso preparar os envolvidos nos processos de ensino-aprendizagem para o uso da mediação tecnológica, sem, com isso, adotar uma visão utilitária de que todos devem se tornar técnicos de informática, objetivo este que já foi incorretamente estabelecido em muitas iniciativas.

A não ser que se trate do uso de ferramentas de produtividade, que são úteis no trabalho diário, é preferível dar aos participantes o conhecimento e a noção "daquilo que se pode fazer" por meio da tecnologia educacional do que forçá-los a aprender "como se deve fazer". Os programas de qualificação devem dar destaque à formação em diferentes campos e precisam se tornar uma constante e representar, efetivamente, a educação para toda vida (*longlife learning*). Com o uso extensivo da mediação tecnológica, esses programas podem alcançar melhores resultados no processo de ensino-aprendizagem nos ambientes enriquecidos com a tecnologia.

reflexão

Aceitar a mediação tecnológica é um dos passos mais importantes para as pessoas que pretendem desenvolver qualquer atividade, laboral ou educacional. Reflita sobre sua posição e suas dificuldades. Destaque esse aspecto em suas anotações de estudo.

O aprofundamento no estudo das tecnologias não costuma integrar as grades curriculares dos cursos de formação docente. Ele é envolvido em cursos isolados, na modalidade de formação permanente e continuada.

Uma pergunta comum – e que, em algum momento, já deve ter feito parte das suas preocupações – é: "Como será a educação após essa primeira década de um novo milênio?". Um novo milênio que se iniciou e continua com as pessoas vivenciando um estado de perplexidade. A pós-modernidade nos coloca diante de mudanças para as quais o ser humano não se preparou, tal como a velocidade das transformações tecnológicas: os profissionais se veem sob o imperativo de aquisição de novas competências e habilidades; os docentes, sob o imperativo de adequar a sua ação a novas formas de mediação; os alunos – mais notadamente aqueles sob o imperativo da formação permanente e continuada, pertencentes às duas gerações mais antigas – são submetidos a processos de reconstrução de sua forma de aprender.

A única resposta possível para o questionamento anterior é aflitiva – uma certeza de que essas mudanças vão criar novas formas de ensinar e aprender. A aflição de desconhecer o futuro é vivenciada por todos os envolvidos no processo de ensino-aprendizagem. As mudanças nos conteúdos a serem estudados e na forma de comunicação dos envolvidos não são mais claramente delineadas e não ocorrem de forma estável, como acontecia nas décadas passadas. Assim, as mudanças tornam os processos de formação permanente e continuada corriqueiros e impositivos para aqueles que querem ou precisam acompanhar o ritmo da evolução da sociedade contemporânea, caracterizada pelas mudanças, quase que diárias, que nela ocorrem.

Anteriormente a esses fatos, McLuhan (1969) colocou que "haverá um dia – talvez este já seja uma realidade – em que as crianças aprenderão muito mais – e mais rapidamente – em contato com o mundo exterior do que no recinto da escola". Essa realidade representa um desafio para todos, em particular para as instituições de ensino. A mudança no espaço de sala de aula é significativa, deixando de se restringir somente ao professor, aos alunos e aos conteúdos preparados antecipadamente, estes nem sempre os mais adequados. Nessa mudança, o ambiente é enriquecido com a tecnologia e com o acesso possível ao ciberespaço, sendo derrubados os muros que separam a sala de aula do mundo exterior. Assim, experiências recentes podem ser vivenciadas e, consequentemente, melhorar o rendimento do processo de ensino-aprendizagem.

Ocorre, assim, a expansão de um ambiente restrito para um ambiente virtual. Redes sociais, comunidades de jogos virtuais, vivência de situações educacionais em ambientes imersivos da realidade virtual e novas formas de interface do homem com a máquina – como recursos de reconhecimento de gestos e voz – representam, para o docente, novas ferramentas auxiliares, e para o aluno, uma sensação maior de participação. Dessa forma, o momento da presença em sala de aula pode usufruir de novos elementos, como ferramentas e participação humana de diferentes pessoas.

Momentos não presenciais têm atuação independente e colaborativa em relação aos presenciais por meio dos AVA – que representam novas formas de interação entre pessoas que não se conhecem e exigem novas formas de estabelecer confiança (Giddens, 1991). O desenvolvimento das inteligências intrapessoal e interpessoal constitui-se uma necessidade para que essas interações tenham sucesso (Gardner, 1993).

Neste ponto você começa a perceber que há fundamento em exigir mudanças por parte da escola, dos docentes e dos discentes. A escola – como local único de aprendizagem – e o docente – com a batuta a reger uma orquestra de alunos desinteressados – produzem uma música dissonante do ritmo vigente na sociedade (uma formação inadequada para as necessidades do mercado). Isso tudo já faz parte do passado.

As discussões sobre o uso da tecnologia educacional não encontram eco, ou seja, não produzem resultados: sua utilização parece ser um fato definitivo; porém, elas esbarram em ouvidos moucos. A questão principal nesse ponto é a seguinte: Qual a formação necessária para as pessoas que vão atuar nesse novo lócus de desenvolvimento da atividade de ensino-aprendizagem?

A configuração do AVA ainda não está de acordo com uma visão didática e pedagógica que garanta qualidade no processo de ensino-aprendizagem para todos. As CAV, criadas no interior do AVA, ainda carecem de orientações que incentivem, de forma eficaz, o estudo independente e a colaboração em grupo. Assim, o sucesso das iniciativas torna-se dependente da atuação individual, uma vez que a tecnologia e os tecnólogos ainda ditam as regras sem ter o preparo didático e pedagógico necessário. Em contraposição, os pedagogos ainda se escondem em um fictício perfil de resistência, que defende a ilusão de que não haverá qualidade na educação se a tecnologia e a mediação tecnológica forem utilizadas.

> **diálogo**
>
> Você vai ler, em diversos pontos deste livro, sobre o *fator resistência* que afeta docentes, discentes e usuários de uma forma geral. Apesar de esta ser uma reação natural no enfrentamento ao novo, deve ser superada. Resistir pode estagnar o progresso individual e até as iniciativas coletivas, em ambientes onde a meritocracia[1] toma por base a participação e a colaboração, que podem ser prejudicadas caso esse indesejável fenômeno não seja combatido.

Entre as inúmeras tecnologias educacionais, a de OAs – que na denominação orginal chama-se *Learning Objects* (LO) – apresenta grande possibilidade de se tornar estável, ainda que seja pela imposição do capital. Isso porque apresenta elevado grau de flexibilidade nas suas formas de utilização e grande possibilidade de reutilização, que é estimulada durante a vida útil de cada um de seus produtos finais.

Mais uma vez, a orientação e o preparo se impõem a todos os que vão trabalhar com os OAs – docentes, alunos e usuários esporádicos –, para possibilitar, respectivamente, a criação, o acesso e a utilização dos resultados.

A tecnologia proporciona a criação de materiais didáticos em múltiplos meios concentrados, multimídias ou hipermídias, a fim de disseminar – de forma fácil e

---

1   A **meritocracia** é o valor diferenciado dado no ambiente ao trabalho colaborativo, quando não há interesse de retorno. Nos ambientes virtuais, uma pessoa é distinguida das demais pelo trabalho que desenvolve em benefício das demais pessoas, isoladas ou em grupo. É o que lhe dá merecimento ou reconhecimento. Isso caracteriza o ambiente como apoiado em uma "doutrina" de reconhecimento do valor da colaboração entre as pessoas da comunidade virtual. Valem mais aqueles que mais colaboram.

com rápido acesso – um conjunto de conhecimentos especializados, apresentados de forma a atender a diversidade cultural, já destacada, de seu público-alvo. O objetivo é orientar a atividade de ensino para que a aprendizagem possa ocorrer do estágio mais fácil para o mais complexo. Ela se inicia com a estruturação lógica e didática de "pequenos pedaços de conhecimento" (Wiley, 2000) que, em conjunto, formarão uma ideia complexa.

A construção colaborativa de especialistas é interessante, pois torna possível a criação de produtos educacionais em um contexto que é desfavorável à produção dialogada, interativa e flexível. É, dessa forma, uma maneira de beneficiar o todo. Ainda assim, é preciso levar em conta o interesse econômico, que está presente de forma não dissimulada.

Não se trata de uma visão distorcida do ambiente educacional, como muitos podem considerar. Materiais sobre o mesmo assunto são replicados milhares de vezes e, em cada uma delas, têm um custo. Um dos objetivos da tecnologia é evitar – ou, pelo menos, diminuir – os gastos com desenvolvimento e armazenamento. Reduzir o custo e maximizar o retorno é uma atividade tipicamente corporativa e deve fazer parte – se já não o faz – do ambiente educacional, sem que, com isso, os interesses do social sejam igualados aos do capital.

Observe que, por via indireta, fica atendida a necessidade de superar uma deficiência crônica no ambiente acadêmico: a dificuldade que muitos docentes apresentam em produzir materiais didáticos em multimeios. Outro benefício indireto é o combate a um dos principais motivos de discussão e ausência de publicações: os direitos autorais (conforme estão detalhados no Capítulo 11).

O uso de materiais em comum é, sem dúvida, atraente, tanto com relação ao capital quanto aos aspectos didático-pedagógicos. Isso ocorre, sobretudo, porque as produções estão sendo constantemente melhoradas por especialistas, que atuam em conjunto e, ao realizarem a atualização, consideram o grau de satisfação do leitor, que tem a possibilidade de buscar a última versão do material, disponível para os que adquiriram a original.

Esse aspecto aponta para a melhoria sensível do nível de qualidade dos materiais. A possibilidade de alteração contínua, para atender às necessidades dos estudantes, colabora de forma decisiva para o desenvolvimento dessa tecnologia educacional.

A apresentação dessas características pode evitar ou diminuir o fator resistência[2], do qual tratamos há pouco. O desconhecimento dos conceitos e das formas de uso provoca a recusa.

Sempre que você enfrentar um aparato tecnológico, faça uso desta recomendação: conhecer e utilizar – não importa sob qual metodologia você desenvolva sua abordagem ou seu caminho para o conhecimento. Essa postura evita relegar mais um aparato ao destino de tantas outras tecnologias educacionais: torná-las passageiras e substituídas sem antes explorá-las e utilizá-las em todas suas possibilidades, o que traria mais qualidade à ação e à prática individual de todos os envolvidos no processo. As tecnologias devem fazer parte da cultura dos usuários, para que possam trazer os benefícios para os quais foram criadas.

Os principais objetivos dos OAs são:
- a melhoria na qualidade da produção de materiais didáticos em multimeios;
- a sua utilização e reutilização extensiva, que é efetuada por um grupo interessado em sua melhoria e atualização constante.

Além de tudo, quando o capital é aplicado de forma extensiva, como no presente caso, a sua utilização acaba por se tornar um imperativo, o que justifica a preocupação em obter a máxima qualidade didática, pedagógica e tecnológica possível.

diálogo

Sempre que você iniciar os seus estudos sobre algum assunto que ainda não conhece ou não domina, procure o máximo possível de materiais complementares. Na internet, a oferta de itens para consulta e pesquisa é grande, porém em língua inglesa. Com um mecanismo de busca, procure pela palavra-chave *learning objects*. Com o resultado, crie um arquivo no formato de documento portátil (PDF) com dados para o aprofundamento de seus estudos. Esse tipo de arquivo possibilita diversas formatações, marcações e formas de pesquisa, que ajudam e facilitam o desenvolvimento da atividade de estudo e aprendizagem.

---

2   O fator resistência é algo inerente ao ser humano e emerge, especialmente, quando este encontra novidades que exigem aprender ou mudar seus comportamentos.

Ao longo do estudo que realizaremos, é possível destacar os seguintes temas como fundamentais para seus estudos complementares[3]:

- **Fator resistência** – Estude o fator resistência para entender como este se torna um obstáculo para o desenvolvimento de trabalhos por meio de tecnologias.
- **Geração *babyboomer*, "Geração X", "Geração Y", "Geração Z"** – Estude como funcionam as maneiras de aprender das quatro gerações classificadas por Mattar (2010).
- **Ambiente Virtual de Aprendizagem (AVA) e Comunidades de Aprendizagem Virtuais (CAV)** – Estude como funciona o processo no qual o AVA e as CAV se tornam locais em que as atividades de ensino-aprendizagem se desenvolvem com qualidade.
    - **Mediação tecnológica** – Estude a importância e as dificuldades de utilização da mediação tecnológica no processo de ensino-aprendizagem em ambientes enriquecidos com a tecnologia.
    - ***Longlife Learning*, a educação permanente e continuada** – Estude o *Longlife Learning* e relacione-o com a realidade atual de mercado, altamente competitivo e em constante mutação, e com as exigências constantes de aquisições de novas competências e habilidades.
    - **Inteligência interpessoal** – Estude como as inteligências interpessoal e intrapessoal podem ser requisitos de competências e habilidades para alcançar o sucesso das interações no ambiente virtual.
    - **Inteligência intrapessoal** – Estude a necessidade de formação dessa inteligência quando se leva em consideração o desenvolvimento da aprendizagem colaborativa e a elevada interatividade necessária no ambiente virtual de aprendizagem.

Observe o trabalho de estruturação didática desenvolvido com o propósito de caracterização inicial dos ambientes apoiados no trinômio tecnologia, público-alvo diferenciado e convivência de ideias pedagógicas diferenciadas.

---

3 O resultado desses estudos pode ser armazenado em suas anotações de estudo – um diretório em seu computador que vai conter os arquivos digitais que você vai criar para analisar cada um dos itens colocados como sugestão de estudos complementares.

São ambientes complexos e que exigem de seus participantes uma visão ampla e mente aberta para o novo.

Para atingir esse propósito, somente a ação e a prática pedagógica extensiva do docente podem colaborar para a criação de Repositórios de Objetos de Aprendizagem (ROAs) – ou *Learning Objects Repository* (LOR) – com conteúdos de qualidade. As informações armazenadas podem vir a resolver o problema crítico de produção de materiais para o desenvolvimento de processos educacionais em ambientes enriquecidos com a tecnologia. Entre estes, situam-se os ambientes: presenciais tradicionais, os *b-learning* (*blended learning*, que significa "aprendizagem mista") e os de ensino a distância, com cenários da presença conectada (teleconferências) e *m-learning* (*mobile learning*).

Os OAs são uma tecnologia educacional, mas o simples fato de existirem não é suficiente para que se concretize a sua utilização. A convergência das pesquisas para a produção de materiais didáticos em multimeios e o aporte financeiro para a criação de padrões na definição de metadados – os *Learning Objects Metadata* (LOM) –, que facilitam a localização de objetos em meio ao volume crescente de informações na rede, são indicativos de que sua utilização venha a ser incentivada.

Sem que sejam estudados os fundamentos e as expectativas de benefícios que eles podem trazer, faltam argumentos para a recusa, seja por razões tecnológicas, seja por razões pedagógicas. Na mesma medida em que elas não podem ser negadas sem justificativas, também não devem ser utilizadas sem questionamentos técnicos ou didáticos e pedagógicos que apresentem justificativas consistentes. São recursos de alta tecnologia e têm custo significativo, mas também um apoio importante ao sucesso que pode ser obtido na educação com o uso da mediação tecnológica. Por isso, é essencial que você conheça os fundamentos e a proposta do uso dos OAs.

Os OAs são disponibilizados para que docentes os combinem e obtenham conteúdos para atingir seus objetivos de ensino. Da mesma forma, eles estão disponíveis para os alunos em um desenvolvimento de estudo independente ou em um processo de conversação didaticamente orientada. Usuários esporádicos, em processo de aprendizagem informal, também podem se beneficiar do acesso ao conteúdo dos ROAs.

> **diálogo**
>
> Na aprendizagem independente, você mesmo escolhe os conteúdos, a estratégia para encontrá-los e como quer apresentar os resultados finais. A independência ocorre em níveis diferenciados, até atingir a heutagogia (independência total, estado em que o estudante é o único responsável pela aprendizagem) que, de acordo com o cenário no qual o aluno desenvolve os estudos, é uma necessidade.

> **diálogo**
>
> A conversação didaticamente guiada é uma das bases da Teoria da Interação Social (Holmberg, 1986) e é considerada o suporte teórico mais consistente para o EaD e a mais indicada para a população brasileira, de acordo com as características sociais. Estude sua proximidade com o perfil assistencialista da educação brasileira e guarde o resultado de seu estudo em suas anotações. Oriente seus estudos com o fim de avaliar a importância da presença da instituição e dos orientadores via conversação didaticamente guiada com o aluno.

Dessa maneira, esta obra levanta, analisa e apresenta respostas aos questionamentos didáticos, pedagógicos, tecnológicos e éticos dos usuários, a fim de que eles se sintam incentivados para, dependendo de sua posição no ambiente, criar, combinar e utilizar os OAs, isoladamente ou com outras ferramentas auxiliares.

Há mais de um caminho que respeita as características individuais dos usuários. O caminho aqui desenvolvido procura respeitar as características daqueles que possuem pouca familiaridade com o uso das novas Tecnologias da Informação e da Comunicação (TICs). Assim, eles são orientados a adotar, como novo comportamento, uma perspectiva que:

- leve à criação e à utilização de recursos que representem o conhecimento de especialistas, de fácil acesso no ambiente em rede, que, segundo Castells (1999), configura um contexto social mais recente;

- permita superar a dificuldade de compreensão da complexidade tecnológica por meio de um bom nível de usabilidade, vista sob aspectos didáticos e pedagógicos, com o propósito de aumentar a qualidade do produto final, devido ao maior esmero no desenvolvimento e aprimoramento dessa qualidade, por meio da submissão continuada do produto a um processo de avaliação cuidadosa;
- favoreça a obtenção de elevada flexibilidade no produto final, que torne o material produzido altamente capacitado a sofrer adaptações às características particulares do público-alvo e ao contexto em que será utilizado (adaptabilidade ao contexto cultural).

Assim, pretendemos unir elementos que não devem estar separados na hora da produção de aparatos tecnológicos que serão utilizados no processo de ensino-aprendizagem: a visão da usabilidade tecnológica (análise heurística) e a visão da usabilidade didática e pedagógica (subjetiva e contextual) dos criadores e dos usuários dos produtos finais.

Esse escopo se desloca para a esfera do Projeto Instrucional (PI), como um complemento necessário ao Projeto Político-Pedagógico (PPP).

saiba + Ao prever o enriquecimento do ambiente com tecnologias da informação e uso da mediação tecnológica, o PI torna-se um complemento necessário ao PPP, pois visa orientar atividades que efetivam a teoria na prática e direcionam as conversações didáticas, além de criar ambientes favoráveis para que o aluno desenvolva a aprendizagem independente e tenha liberdade para criar novas formas de obter conhecimentos.

Ao concluir a leitura do que podem ser consideradas bases de sustentação para o estudo dos OAs, é recomendável que você adquira ou reforce seus conhecimentos sobre os temas propostos na sequência, cuja compreensão cria condições mais amplas para deenvolver os estudos a serem tratados nos capítulos subsequentes:
- **Ação e prática docente** – Estude a ação e a prática docente pensando na necessidade de mudança para adequação ao uso da mediação tecnológica.

- **Aprendizagem independente** – Analise a necessidade da aprendizagem independente, considerando os ambientes presenciais enriquecidos com a tecnologia e a abordagem do EaD.
- **Conversação didaticamente guiada** – Analise os efeitos, tanto para o docente quanto para o discente, da conversação didaticamente guiada, na qual há uma interação constante entre os autores de materiais e os alunos. Considere que a amplitude de seu estudo compreende tanto o ambiente não presencial quanto o presencial.
- **Teoria da Interação Social** – Analise a Teoria da Interação Social, de Holmberg (1986), apresentada por Arétio (1994, p. 72), destacando a sua importância no EaD.
- **Usabilidade pedagógica** – A usabilidade é uma análise heurística[4], cuja validade atinge seu ponto máximo quando o número de tentativas em obter resultados pretendidos se iguala ao número de sucesso (100%). Transfira o conceito para o campo educacional, definindo o que seria a usabilidade didática e pedagógica.
- **Flexibilidade no produto final** – A flexibilidade pode ser analisada em função da capacidade de assimilação do conteúdo do produto final por um grupo de pessoas com características semelhantes e, dependendo da capacidade de flexibilidade que esse produto tem, por indivíduos, isoladamente.
- **Adaptabilidade ao contexto cultural** – A adaptabilidade dos conteúdos ao contexto local é um conceito mais aplicável a ambientes que utilizam a EaD e àqueles que precisam considerar a grande diversidade cultural do público-alvo, levando em conta as características culturais locais. Um aspecto importante a analisar é o fenômeno da polissemia em relação aos textos que tratam sobre os diferentes contextos sociais.
- **Projeto Instrucional (PI)** – É, nos ambientes presenciais e não presenciais enriquecidos com tecnologia, um elemento que causa a diferença e que permite aos alunos estabelecer novas formas de assimilação do conhecimento. Sugere-se uma análise focada na determinação de sua estrutura.

---

4   A análise heurística é uma técnica que está apoiada em um conjunto de regras e métodos que buscam a resolução de problemas com base no conhecimento especialista.

- **Projeto Político-Pedagógico (PPP)** – Define o ementário, o referencial bibliográfico, as justificativas, os eixos temáticos, as bases tecnlógicas e os conteúdos de estudo para o quadro das disciplinas – que costumam ser estanques, compartimentalizadas e não relacionadas – de um processo educacional. Desenvolva, com senso crítico, uma análise sobre os pontos fracos do PPP em relação às necessidades atuais do mercado.

Com o conjunto de conhecimentos apresentados e o desenvolvimento dos estudos complementares sugeridos, você está apto a aprofundar o estudo e a compreensão da tecnologia educacional "objetos de aprendizagem", como proposto nos capítulos subsequentes.

Capítulo 02

Apresentação dos Objetos de Aprendizagem (OA)

Para que você possa trabalhar de forma confortável com a criação, a alteração ou somente a simples utilização dos OAs, é importante saber o que eles são. Qual a sua importância e relevância com a tecnologia inovadora? Que mudanças representam a sua adoção? Conhecidos esses aspectos fundamentais, é necessário conhecer o foco direcionador de seu desenvolvimento e a metodologia de trabalho, tratados a seguir.

2.1 Fundamentos

O estudo da tecnologia dos OAs surge como decorrência da dispersão na produção de materiais didáticos e na supressão de sua redundância, com uma política econômica que sugere a reutilização extensiva e uma flexibilidade que permita sua adaptação, se necessário, a níveis cognitivos individuais. Apesar de o viés econômico predominar, os OAs representam uma tecnologia que, se bem utilizada, pode servir para que você melhore a qualidade do material produzido no aspecto didático e facilite sua utilização.

Existe uma definição convergente, adotada na bibliografia sobre os OAs, para a qual qualquer entidade digital ou não digital pode ser utilizada para aprendizagem, educação ou treinamento. Essa definição partiu do grupo de estudos *Learning Objects Metadata* (LOM), estabelecido pelo Institute of Electrical and Electronics Engineers (IEEE) e encerrado em 2000. Observe você, leitor, a simplicidade sob a qual está oculta toda a complexidade de uma tecnlogia de ponta.

Wiley (2000), um dos expoentes do estudo dos OAs, restringe e simplifica ainda mais o conceito, ao considerá-los apenas entidades digitais – fato que devemos levar em conta em nosso trabalho, visto que se aplica também aos AVA, nos quais se localiza a totalidade do ferramental utilizado para compor os OAs.

Essa definição, por ser tão simples, ainda provoca dúvidas e questionamentos e tem sido constantemente reformada, uma vez que não carrega consigo nenhum impacto, tampouco é capaz de impressionar aqueles que estão na expectativa de que algo novo se inicie com uma definição elaborada.

Costuma-se dar preferência, como definição mais abrangente, aos estudos de McGreal (2004). Ele parte de diversas definições, traz algumas objeções à simplicidade do conceito e o amplia. O autor considera os OAs como instrumentos desenvolvidos com a utilização (ou, mesmo, com a combinação) de diversas ferramentas provenientes da Tecnologia da Informação (TI), que:

- permitem e facilitam o uso de conteúdo educacional *on-line*;
- estão sujeitos a especificações internacionais e padrões de operabilidade e reutilização por diferentes aplicações e contextos de aprendizagem;
- são identificados por metadados, o que facilita a busca e o acesso nos Repositórios de Objetos de Aprendizagem (ROAs), nos quais ficam disponíveis;
- têm um único objetivo educacional e um único processo de avaliação de seus resultados (em cada uma de suas partes, um objeto pode ter várias etapas).

Depois disso, vieram outras definições, contendo modificações ou acréscimos, com o objetivo de ampliar a compreensão dos termos. Para esse estudo, iremos adotar os seguintes aspectos como definição para os OAs:

- são recursos digitais que possuem conteúdos educacionais e que são reutilizáveis em contextos diferenciados;
- são encapsulados em uma lição ou em conjuntos de lições;
- são agrupados em unidades, módulos, disciplinas e cursos;
- incluem propósitos de aprendizagem;
- incluem processos de avaliação;
- são compostos por textos, figuras, animações, sons, vídeos, simulações e avaliações e outros elementos.

diálogo

Você deve ter observado que, por trás de toda complexidade – que, além de armazenar e possibilitar a recuperação seletiva, diferenciada e rápida, visa permitir diversas composições –, a ideia didática e pedagógica é simples e totalmente apoiada na mediação tecnológica. O grande objetivo dos OA é fazer com que a sua reutilização e a sua flexibilidade incentivem a produção intelectual nas escolas e a padronização dos meios de sua busca.

Vistos dessa forma, podemos dizer que os OAs existem há muito tempo e sua origem se confunde com a da produção de materiais. O que muda são as formas e os locais em que podem ser obtidos. Altera-se apenas a visão dos modos de acesso, os meios de suporte e a perspectiva de reutilização extensiva do mesmo conteúdo, em contextos diferenciados.

A simplicidade compreende uma potente sustentação tecnológica de última geração, que inclui recursos de orientação de objetos e tecnologias sofisticadas para a recuperação seletiva e facilitada de dados nos repositórios estabelecidos em grandes bancos de dados. A análise proposta é similar àquelas que foram desenvolvidas por um dos nove grupos de metadados (classificados pelo LOM) de estudo e de padronização de OAs. Para oferecer uma visão geral em relação aos metadados que definem esses grupos, eles estão relacionados da seguinte forma:

- Os de categoria geral descrevem as informações que facilitam a sua utilização. Entre elas, podem ser citadas: o nome do objeto, data de criação, o objetivo da criação, nível de dificuldade, faixa etária para a qual a utilização é recomendada. Elas ilustram características gerais que poderiam ser aplicadas a um conjunto de objetos.
- Os da categoria ciclo de vida definem a sua história por meio do registro histórico das razões de cada mudança, sua data e os motivos da alteração.
- Os da categoria metadados oferecem informações gerais sobre o objeto, tais como: qual instituição de ensino ou quem o desenvolveu, como e quando pode ser utilizado. São, em geral, informações que não se enquadram em outras categorias.
- Os da categoria técnica especificam os requisitos do sistema operacional e as adaptações necessários ao *hardware* em que o objeto será utilizado.

- Os da categoria educacional definem características educacionais e pedagógicas, apresentando dados sobre teoria de aprendizagem de suporte, ideias pedagógicas de apoio e formas de abordagem diferenciadas possíveis.
- Os da categoria de direitos trabalham sobre questões de propriedade intelectual e definem as condições de uso às quais o objeto está sujeito.
- Os da categoria de relacionamento definem quais tipos de relacionamentos podem existir entre diferentes objetos e as condições nas quais eles são possíveis.
- Os da categoria anotação proporcionam comentários sobre o uso educacional dos objetos colocados de forma livre e auxiliam a compreensão de aspectos particulares do objeto, tais como sequenciamento, migração entre áreas de conhecimento e mudanças nas formas de abordagem.
- Os da categoria de classificação descrevem o objeto assinalando sua posição em relação à taxonomia proposta e o relacionamento (interdisciplinaridade) entre diversos objetos de uma estrutura hierárquica.

Todas essas informações são descritivas, textuais e os campos abertos para preenchimento podem ser livres ou sujeitos a algum tipo de classificação.

A perspectiva do docente, bem como a importância do seu trabalho, situam-se de forma predominante no quinto grupo (categoria educacional), que visa responder aos questionamentos sobre o uso didático e pedagógico dos OAs e as formas de recuperação e adequação desses objetos a necessidades particulares.

> **diálogo**
>
> A criação da área de metadados e o cadastramento em uma função ficam, normalmente, a cargo dos departamentos de TI, por serem mais afeitos a questões de otimização de mecanismos de busca, como o *Search Engine Optimizer* (SEO), que tem a finalidade de facilitar a localização de objetos criados e colocados à disposição dos usuários.

O elemento componente da tecnologia que estamos estudando são os OAs e os questionamentos apresentados nos capítulos posteriores são provenientes das dúvidas de docentes, alunos e pessoas da área administrativa de Sistemas de Gerenciamento de Conteúdo e Aprendizagem (SGCA) – ou *Learning and Content Management Systems* (LCMS) – durante a participação em equipes multidisciplinares para produção de materiais em multimeios. Em ambas as ocasiões, os OAs são considerados uma possibilidade cercada de ampla expectativa.

diálogo

O fato de este livro ter sido constituído mediante dúvidas de docentes, alunos e pessoal administrativo o torna útil para o público-alvo[1] ao qual ele se destina, já que tem as mesmas características sociais e profissionais.

saiba +

Para obter mais informações sobre metadados, com exemplos das suas formas de utilização, utilize a sigla LOM como palavra-chave em seu mecanismo de busca para pesquisar na internet.

2.2 A importância dos OAs

É imprescindível que os usuários de ambientes educacionais não se coloquem mais à margem do uso das tecnologias e da mediação tecnológica, pois estão sob o desafio de desenvolver novos comportamentos e novas atitudes.

Libâneo (1998) considera a contemporaneidade

> como um tempo de reavaliação do papel dos professores frente às exigências postas pela sociedade da comunicação, da informática e globalizada. É cada vez maior a necessidade da leitura pedagógica dos meios de comunicação e um exercício extensivo sobre a quebra do fator resistência ao uso das novas tecnologias.

Trata-se de uma colocação aplicável a todas as pessoas que desenvolvem atividades educativas nos ambientes enriquecidos com a tecnologia, ou seja, que alcança a todas as pessoas.

Demo (2006) discute a reconstrução das competências de quem ensina e de quem aprende. Esse autor considera essa questão sob a imposição da atualização

---

[1] Quando nos referimos a *público-alvo*, é importante destacar que assim são considerados os docentes, alunos e qualquer pessoa interessada em conhecer os fundamentos dessa tecnologia educacional.

permanente, efetivada por meio de diversas atitudes e comportamentos, desenvolvidos por meio das seguintes atividades:
- Realizar a busca sistemática, a fim de efetivar o "aprender pela pesquisa".
- Buscar a participação cultural, para efetivar o respeito ao multiculturalismo, posto como uma das metas do comportamento no início de um novo século.
- Frequentar seminários, nos quais possam ser trocadas experiências sobre novas formas de ensinar e de aprender.
- Participar de grupos de estudos estabelecidos no ambiente em rede, utilizando redes sociais abertas ou privadas e as redes de relacionamento pessoal.
- Procurar estudar as diversas abordagens do processo de ensino-aprendizagem e incluir entre elas a EaD.
- Pesquisar, elaborar e publicar são formas eficientes de criar conhecimentos e adquirir o prazer pela produção científica.
- Acompanhar discussões e polêmicas sobre o propósito de criar novas formas de ensinar e de aprender, a fim de utilizar da melhor forma as tecnologias no processo de ensino-aprendizagem.

A tendência irreversível do uso da internet como base para a disseminação de conteúdos, independente da metodologia utilizada pela instituição de ensino que os disponibiliza e atualiza, se apoia:
- no enriquecimento dos cursos presenciais pelas tecnologias, que derrubam as paredes das salas de aula e abrem os caminhos da rede para o crescimento;
- na evolução e na estabilidade da EaD;
- na aprendizagem eletrônica (*e-learning*);
- na aprendizagem móvel (*m-learning*);
- na realidade virtual;
- nos jogos educacionais, desenvolvidos nas comunidades *on-line*;
- nos OAs;
- na previsão de um caminho, sem volta, da educação formal para a informal.

Arétio (1994) considera a EaD um sistema de comunicação bidirecional que substitui a interação pessoal – desenvolvida face a face – como meio preferencial de ensino, desenvolvido pela ação sistemática e conjunta de diversos recursos didáticos e pelo apoio de uma estrutura tutorial que propicia a aprendizagem autônoma dos estudantes. É um conceito que se amplia em direção a um processo de comunicação multidirecional no AVA e estimula a criação das CAV, grandes redes sociais dedicadas a atividades de ensino-aprendizagem. A EaD se apoia diretamente na combinação de uma série de tecnologias, o que leva a um grande uso destas. Sendo assim, é o campo mais fértil para a produção de materiais didáticos em multimeios nas formas de OAs.

A EaD considera, desde o PI, a importância do material didático por ser a primeira forma de preencher a lacuna dos encontros presenciais, que neles têm uma das áreas de custo mais elevado que exige diálogo, interação e flexibilidade. Nesse ponto, convergem os objetivos tanto dos OAs como os da produção de materiais didáticos para a EaD.

diálogo

Observe como essas necessidades convergem. Prevê-se, em curto ou médio prazo, que a produção de materiais didáticos em múltiplos meios para a EaD acabe por ser desenvolvida com o uso dos OA. Embora a tecnologia de OA já não possa ser considerada tão nova, seu uso ainda não é extensivo. As necessidades das duas áreas acabam por se potencializar. Mas os OA, apesar disso, não podem ser confundidos com uma solução particular e exclusiva para a EaD.

Em relação aos docentes, podemos observar que a orientação para o uso da tecnologia de OAs:
- ainda não foi compreendida por muitos deles;
- foi colocada de forma indevida para uma parcela deles;
- foi suprimida do processo de formação permanente e continuada de grande parte deles.

diálogo

Toda a tecnologia, em si mesma, não tem um significado, não provoca impactos, não resolve problemas. Ela é um instrumento que, quando não utilizado, torna-se neutro. Mas, quando você for utilizá-lo, tem de estar preparado, conhecer os fundamentos e compreender os benefícios que pode trazer. A falta de preparo e o desconhecimento dos desafios que a prática impõe pode trazer dificuldades para você atingir seus objetivos.

Entre tecnólogos e pedagogos sempre surgem conflitos quando se trata do uso das tecnologias em educação, porém existe concordância em alguns pontos. Um deles é a frequente impossibilidade do uso dos materiais que foram desenvolvidos para o ambiente tradicional no ambiente dos cursos que utilizam os ambientes enriquecidos com a tecnologia, ou que utilizam o ambiente virtual com a ausência de encontros presenciais.

Os materiais tradicionais, desenvolvidos na forma de livro-texto, ou criados somente para a disseminação de conteúdos, não levam em conta fatores importantes como:

- ferramentas tecnológicas disponíveis no ambiente;
- necessidade de interação e diálogo, que são indispensáveis para manter o interesse e a motivação do aluno, além de proporcionar uma correta compreensão sobre quais são os objetivos dessa utilização;
- flexibilidade na utilização, com o intuito de respeitar a forma e o ritmo individual de aprendizagem de cada aluno.

Se você dedicar algum tempo a observar a forma de desenvolvimento dos materiais didáticos na atualidade, vai perceber que eles:

- são lineares em seu desenvolvimento – não aproveitam a navegação possível nos textos digitais, que se encaminham para substituir o meio impresso;
- não mantêm diálogo e interatividade com o aluno;
- não mantêm o interesse do aluno;
- não incentivam o aluno a estudar de forma mais independente;
- não propõem questões reflexivas;
- não incentivam a solução de problemas, o que estimularia o senso crítico e a criatividade do aluno, qualidades perdidas pelo desempenho do papel de receptor passivo, que lhe é imposto nos ambientes tradicionais.

Há o transporte das metodologias ultrapassadas dos ambientes tradicionais para os enriquecidos com a tecnologia, que têm um público-alvo sujeito a novas imposições de mercado, provenientes de um meio multimídia e hipermídia que está incorporado em sua cultura, em sua vida diária, e da qual ele não pode ou não quer se dissociar.

diálogo

Observe o comportamento de um aluno quando ele está desenvolvendo seus estudos com um material tradicional. Compare com o comportamento do mesmo aluno quando ele estiver jogando em uma comunidade virtual, no ambiente em rede. A diferença de comportamento fala por si própria. Não que esse exemplo possa ser generalizado, mas, para as Gerações X (nascida nos anos 1980) e Y (nascida nos anos 1990), ele se torna cada vez mais aplicável. Basta observar o comportamento desses indivíduos quando estão diante de algum "brinquedo eletrônico" ou qualquer produto de novas tecnologias. Essas constatações devem ser levadas em consideração.

Considere um OA sujeito à reutilização extensiva por grupos de grande diversidade cultural e social. Para desenvolver materiais didáticos que façam uso desse tipo de recusos, é importante questionar:

- Quão dialógico deve ser um material e quantas atividades ele deve indicar?
- Quão flexível ele pode ser ante o elevado número de alunos que pretende atingir?
- Quão influente ele pode ser na aprendizagem de pessoas com diferentes graus de educabilidade cognitiva[2], propondo atividades mais adequadas a cada usuário, que estejam de acordo com suas características particulares?

Para complementar o propósito desses questionamentos, é importante saber que os materiais didáticos que são voltados para ambientes enriquecidos com a tecnologia apresentam:

- uso de figuras e animações;
- uso de iconografia sugestiva e semioticamente desenvolvida;
- uso de cores e do lúdico, em diagramações atrativas e que mantêm o interesse do aluno;
- uso de atividades, diálogos e interações, que procuram aumentar a participação e manter a motivação do aluno;
- uso de múltiplos meios em programas multimídias e hipermídias, com a apresentação dos mesmos conteúdos sob formatos diversos;

---

[2] O grau de educabilidade cognitiva mensura a capacidade que o aluno tem de absorver novos conceitos, independentemente da forma ou do tempo que utilize para isso.

- uso de realidade virtual, jogos digitais, cenários roteirizados, com aplicação de todos os meios (textos, áudios, fotos, animações, vídeos, entre outros).

> **diálogo**
>
> Observe que, com essa diversidade de meios e tecnologias, o material didático impresso tende a perder a hegemonia que ainda mantém, mas que, aos poucos, é ameaçada. O aparato tecnológico e as comunidades virtuais representam, como considera Naisbitt (2000), um atrativo, uma fascinação para as novas gerações, o que nos faz agir com cuidado pela possibilidade de migrar para uma "barbárie *high-tech*"[3], na qual ocorreria a prevalência indiscriminada da tecnologia.

Independentemente do mérito de sua qualidade, os materiais que incorporam recursos tecnológicos definem caminhos flexíveis a serem percorridos e têm avaliações constantes de resultados. A questão é procurar se distanciar dos modelos tradicionais de produção de material didático, os quais já estão em fase de questionamento, pois, em muitos casos, a redução de custos impediu o desenvolvimento de materiais com o grau de flexibilidade (acréscimo de imagens, animações e tarefas a serem desenvolvidas) proposta e necessária para atender a ritmos individuais e características de níveis cognitivos diferenciados. Isso aponta um aspecto favorável da adoção do processo de industrialização, pois o custo, ao se diluir na perspectiva da utilização extensiva, deixa de representar um problema.

Rumble (2003) considera "a escolha do meio para o desenvolvimento do material como um dos problemas cruciais para o gestor do ambiente dos cursos oferecidos em ambientes enriquecidos com a tecnologia". O problema se evidencia principalmente ao se levar em consideração o acesso pelo público participante aliado à questão logística para que o material chegue até as mãos do aluno em tempo hábil. Essa é uma das razões pelas quais se propõe o desenvolvimento do mesmo conteúdo em múltiplos meios, uma das formas de contornar o problema de exclusão digital.

---

3   O termo faz referência a uma forma de governo que tem base na predominância dos tecnocratas ou técnicas (Ferreira, 2008).

Em contrapartida, houve momentos nos quais, devido à própria falta de preparo dos alunos para desenvolver estudos de forma independente, chegou-se perto de considerar a produção de materiais flexíveis e adaptáveis às características particulares de grupos de alunos como algo inviável. Esse estado de ânimo é consequência do comportamento de alguns participantes do ambiente. Muitos deles ainda estão acostumados à passividade de receber ensinamentos acabados e a responder a questionamentos apoiados na sua capacidade de reter informações.

Ainda que, nos ambientes enriquecidos com a tecnologia, os alunos tenham assistência de tutores/orientadores acadêmicos, pois estudar de forma independente não significa estudar sozinho, muitos ainda mantêm nesses ambientes a mesma passividade característica da maioria dos alunos dos ambientes de ensino-aprendizagem tradicionais, nos quais se desenvolvem práticas e ações docentes e discentes também tradicionais.

diálogo

É importante que você perceba claramente o que está sendo tratado como ambiente tradicional e como ambiente enriquecido pela tecnologia. O ambiente tradicional é aquele onde se desenvolvem práticas reprodutivistas, no qual o docente é o detentor universal do conhecimento e o aluno é apenas um receptor passivo. Quando nos referimos a ambiente enriquecido com tecnologia, enxergamos um ambiente modificado por comportamentos e atitudes diferenciados, que se caracteriza por novas formas de comunicação e participação. O ambiente não presencial misto (*blended learning*), o ambiente de presença conectada e o ambiente não presencial (*e-learning* ou *mobile learning*) devem, num futuro não muito distante, convergir para o desejado ambiente híbrido, no qual não deverá haver essa separação entre os ambientes presenciais, semipresenciais e não presenciais. Perder tempo fazendo comparações entre esses ambientes e deixar de utilizar aquilo que há de melhor em cada um deles é um desserviço à criação de novas formas de ensinar e aprender.

Devido à proliferação de técnicas e tecnologias, a internet é um campo fértil para a realização dos objetivos de personalização dos materiais didáticos, mas isso não é uma atividade simples de ser realizada.

As tecnologias podem orientar o aluno de forma não assistencialista e condutivista, pois permitem mudar conteúdos, formas de avaliação, indicações de leitura e informação de *links* de acesso. Nesse ponto, a tecnologia de OAs é, sim, uma ferramenta auxiliar potente, pois mantém essas alterações ativas de forma simultânea (você terá oportunidade de ver como isso se processa diretamente nos exemplos).

Com essas duas visões (do uso das ferramentas da internet ou dos OAs), os materiais podem ser adaptados às características individuais do aluno. O hipertexto (elemento constituinte da dinâmica que as linguagens atuais permitem) e a hipermídia (que é a convergência de diversas mídias) trazem possibilidades de criar conteúdos ainda mais ricos. O uso dos OAs, principalmente por causa da flexibilidade que apresentam, permite que as formas de aprendizagem dos conteúdos sejam adaptáveis às características específicas de cada aluno, dando um elevado grau de poliformismo aos produtos educativos finais.

No campo das pesquisas, é mais comum que os estudos sejam realizados com o objetivo de criar modos para que os meios de aprendizagem se tornem "inteligentes" e "automatizados". Quando os OAs não são utilizados, é comum que não exista padronização no desenvolvimento de materiais que tenham apoio em um grande volume de metadados.

Essa ausência de padrão faz com que os materiais assim desenvolvidos não apresentem a flexibilidade que os OAs possibilitam. Já a utilização dos OAs permite uma avaliação heurística do objeto e facilita a carga de uma "visão usuária" que atenda a características pessoais. Essa visão pode ficar armazenada no repositório de forma definitiva. Dessa forma, dois alunos que acessem o mesmo programa de estudo podem atingir os objetivos estipulados mesmo que percorram caminhos diversos e desenvolvam atividades diferenciadas.

Antes que você prossiga e veja detalhadas as características dos OA, é importante estabelecer o conceito de visão usuária[4]. Um OA pode conter tantas visões usuárias quanto seja possível, desde que questões relacionadas à capacidade de memória o permitam. Se um objeto é composto por um texto digital, uma animação, um vídeo e uma avaliação, ele pode ter diversos arquivos para cada um desses meios. Essas possibilidades são responsáveis pela extrema flexibilidade dos OA.

diálogo

---

4   A visão usuária é a forma de "enxergar", de perceber um OA, de acordo com a distribuição e a combinação particular de conteúdos internos que o constitui.

O benefício dos OAs com essas características é inegável. As estruturas internas são complexas, mas ocultas pelo desenvolvimento de interfaces altamente amigáveis com os recursos finais.

Assim, sem perda de qualidade e com grande participação de docentes, alunos e usuários, resolve-se o problema de atender, de formas diferenciadas, a alunos com características particulares. Nos ambientes semipresenciais e não presenciais enriquecidos com tecnologias, um benefício marginal de grande importância é a diminuição do volume de trabalho e, consequentemente, do custo elevado, relacionado ao atendimento pelos tutores ou orientadores acadêmicos.

Além de atender a características gerais pertinentes à flexibilidade, ao incluir no objeto propriedades alteráveis, pode-se atender à personalização. Isso leva em conta aspectos subjetivos, como identificação do usuário, personalização da interface e segmentação por contexto regional, social ou profissional. O desenvolvimento de um OA pode identificar aspectos de educabilidade cognitiva e fazer uma previsão sobre o grau de aprendizagem, por meio do próprio sistema, das características e formas como é acessado por um determinado usuário. Isso atribui ao sistema uma certa inteligência, uma capacidade de transformar a si mesmo ou o seu caminho de acesso, com base nas características do aluno.

diálogo

Você já deve ter observado que uma das principais características das novas tecnologias é produzir interfaces cada vez mais amigáveis. Além disso, na interface dos sistemas operacionais (como o Windows 7®, Mac OS X^{SM}), podemos observar aspectos de personalização (cores, localização, janelas, organização de ferramentas). O objetivo é atender a questões subjetivas e psicológicas dos usuários finais com a intenção de aproximá-los, mantendo seu interesse e sua motivação. Usuários são fiéis a produtos que atendem a seus desejos e, com isso, tornam-se mais participativos.

Uma das últimas propriedades a ser destacada como desejável, e que é encontrada nesses elementos tecnológicos, é o reconhecimento da influência de emoções e intenções na atividade de aprendizagem (Martinez, 2002). Esses aspectos afetam a motivação do aluno em dar continuidade ao curso e do docente em criar ou utilizar materiais diferenciados e com alto grau de flexibilidade. Convergem para o reconhecimento do aluno como o centro do processo de educação, enfoque adotado pelas teorias de aprendizagem mais recentes, que vieram depois da Escola Nova (Lourenço Filho, 1950).

O conceito de aluno como centro do processo de ensino-aprendizagem se aplica ao público-alvo deste livro, que é formado por grupos que têm a mediação tecnológica como sua principal forma de comunicação. Eles sabem o que querem de seu processo de formação e têm algum grau de autonomia. Sem esses requisitos, os ambientes enriquecidos com a tecnologia (sejam presenciais, semipresenciais ou não presenciais) não seriam o caminho para sua formação inicial permanente ou continuada, porque exigem alto grau de aprendizagem independente. O processo de educação para toda a vida (*longlife learning*) atinge pessoas já formadas e que já desempenham funções profissionais; além disso, destaca-se pelo volume crescente da demanda por educação, que cada vez se expande mais e alcança pessoas que já consideravam ter concluído o seu ciclo educacional, hoje estabelecido como permanente e continuado.

O desenvolvimento desse processo exige, além de independência e autonomia, senso crítico e criatividade. Por conta do elevado pragmatismo e da superespecialização das áreas, muitos apresentam deficiências nessas qualidades. Isso porque, na luta para permanecer atuando em um mercado altamente competitivo, o profissional perde a visão do todo ao qual está submetido. A importância de uma ferramenta flexível, que facilite o atendimento de necessidades individuais, destaca-se de forma cada vez mais evidente, por essa razão existem tantas expectativas sobre os OAs. Apesar de não ser uma tecnologia consideravelmente nova, ainda não é do completo domínio da grande maioria das pessoas (docentes, alunos e usuários esporádicos) que, por meio da utilização dos OAs, poderiam ter um melhor aproveitamento de suas atividades de ensino.

Durante os cursos de formação de docentes (especialistas, mestres e doutores) para o uso de tecnologias e mediação tecnológica, mesmo depois de descritas as possibilidades de flexibilidade e capacidade de personalização dos OAs, é comum observar resistência ao processo de industrialização que propõem.

Por outro lado, alguns participantes demonstram entrar em uma fase de encantamento com a tecnologia, o que, em muitos casos, é passageiro e acaba sendo substituído pelo descaso de quem se sabe protegido pelo corporativismo exacerbado, presente no mercado acadêmico, em que a proteção à incapacidade é levada às raias do absurdo, em detrimento da qualidade educacional.

Com isso, o aluno acaba por se sujeitar à pedagogia do fingimento, já criticada por Becker (1998): docentes fingem que ensinam, alunos fingem que aprendem e assim, muitas vezes, levam iniciativas inovadoras ao insucesso.

diálogo

Neste livro, em muitos pontos, você vai encontrar críticas que são dirigidas a situações particulares que não podem ser generalizadas. Muitos docentes e alunos desenvolvem seus papéis de acordo com um posicionamento ético. Ainda assim, os erros não podem ser ocultos; eles existem e devem ser citados.

reflexão

Para que este livro não tombe para a crítica gratuita de que nenhum serviço se presta a mudanças de comportamentos que são necessárias nos ambientes enriquecidos com a tecnologia, é importante que **você desenvolva uma atividade de reflexão** sobre as colocações e observações feitas até agora. Para isso, procure lembrar qual foi o seu posicionamento e o de seus colegas em situações que enfrentaram e que exigiam mudanças significativas. Apoie suas conclusões em exemplos e contraexemplos.

A superação desses comportamentos somente pode ser obtida pela adoção de uma visão diferenciada do processo de ensino-aprendizagem. A constatação de erros não deve deixar prevalecer o desencanto e a desilusão que podem ser observados nos ambientes tradicionais; ao contrário, deve-se encarar de frente o desafio de desenvolver um processo de ensino-aprendizagem de qualidade, cada um desempenhando o seu papel. Opor-se sem razões e sem apresentar soluções é o caminho mais curto para o insucesso.

Ao destacarmos o uso da tecnologia e da mediação tecnológica, não estamos associando esse fato a um sentimento tecnófilo, mas à simples aceitação e compreensão das possibilidades. É isso o que direciona nosso estudo a apresentar os OAs. Para isso, nos apoiamos nos questionamentos apresentados que dizem respeito aos aspectos tecnológicos, didáticos e pedagógicos e às questões éticas. Responder a esses questionamentos nos parece a forma mais correta de abordar o ensino dessas tecnologias. As dúvidas são comuns e convergentes, e os esclarecimentos podem impedir constrangimentos durante a utilização.

Com base nisso, podemos sugerir uma ação mais efetiva – independentemente da ferramenta tecnológica utilizada – para que novos objetos sejam criados, modificados e utilizados de forma mais recorrente, com o objetivo de permitir a criação de uma cultura tipicamente brasileira, que é necessária para evitar a disseminação do colonialismo cultural em uma área do conhecimento que pode ser considerada ainda nova no mundo todo. Com tal propósito, é necessário relembrar os usuários sobre a proposta deste livro:

- Oferecer informações sobre o meio tecnológico, o que permite a compreensão sobre o que é um OA.
- Responder aos questionamentos tecnológicos mais comuns, diminuindo a exclusão digital e nivelando os conhecimentos dos usuários.
- Sugerir a adoção de procedimentos éticos na criação e no uso dos OAs.
- Incentivar a capacitação para a utilização do aparato tecnológico e sua incorporação como parte da cultura dos usuários.

Essas medidas pretendem dar a tecnólogos e desenvolvedores, mais afeitos ao viés tecnológico, melhores condições para o desenvolvimento de interfaces de alta usabilidade e para a disponibilização de rotinas auxiliares que facilitem o acesso à alteração das propriedades dos objetos, desenvolvidos para atender as necessidades de aprendizagem.

A importância deste trabalho está na orientação do usuário para a produção de novos objetos ou para o uso de objetos já criados, que pode ser mensurada pela necessidade de se criar uma base instalada de OAs, ainda praticamente inexistente, por conta do baixo volume de usuários capazes de aliar tecnologia e pedagogia em suas criações ou no uso motivado e diferenciado.

Antes de se envolver mais diretamente com as definições e sugestões para formatação dos OA, é ideal que você acesse algumas localidades nas quais pode encontrar informações preliminares sobre o uso dessas tecnologias. O desenvolvimento do estudo complementar proposto pode apresentar visões alternativas à proposta contida neste livro e facilitar a sua compreensão sobre outros estudos, que serão sugeridos posteriormente.

2.3 Metodologia

Com relação à metodologia, os OAs serão explorados para obtermos a compreensão sobre o que eles são e o que podemos fazer com eles. Objetiva-se que os usuários possam desenvolver trabalhos por meio dessa tecnologia com segurança e tranquilidade. Também serão apresentados esclarecimentos sobre as dúvidas mais comuns que os participantes dos cursos de qualificação apresentam. Dentro dessa perspectiva, abordaremos ainda outros questionamentos nas áreas tecnológica, didática e ética.

Como vamos trabalhar com o ferramental tecnológico em muitos casos, há um claro propósito de encapsular todas as complexidades tecnológicas envolvidas em sua estruturação na embalagem de uma linguagem empática e simplificada. A metodologia de abordagem prevê a descrição de um OA por suas particularidades, para deixar clara sua finalidade e para que, assim, os usuários possam compreender sua utilidade.

Os OAs são considerados uma faceta do campo da tecnologia educacional sobre a qual os usuários devem ter uma compreensão mais rica. Apesar do viés tecnológico do assunto, o estudo que se dedica a investigar os OAs exige que sejam feitas considerações didáticas e pedagógicas, além da análise de aspectos sociais envolvidos no processo de criação e de utilização desses recursos – já que o uso dos OAs incentiva grupos sociais a adotar, no ambiente educacional, diferentes comportamentos éticos, humanos e pedagógicos. Ainda assim, vale ressaltar que a finalidade principal do estudo voltado à compreensão dos OAs é proporcionar a validação e o aproveitamento mais completo dessa tecnologia.

O conhecimento de dúvidas de um determinado grupo sobre a utilização dos OAs pode oferecer respostas que não são colocadas como verdades definitivas, mas como o resultado de um ensaio teórico, ditado pela ausência de experiências práticas reais. A observação das experiências nacionais e internacionais e das pesquisas realizadas por grupos de estudo e o estudo bibliográfico de materiais disponíveis na rede completam a base de sustentação desse assunto.

Os OAs serão apresentados não apenas como elementos tecnológicos, mas como elementos desenvolvidos com finalidades didáticas e pedagógicas específicas, capazes de oferecer conteúdos de alta qualidade aos usuários, de forma flexível e com o uso de múltiplos meios.

2.3.1 O foco do trabalho

Há necessidade de mudanças no comportamento dos usuários de tecnologias educacionais, e isso envolve uma série de aspectos centrados, principalmente, na aquisição de competências e habilidades para facilitar a utilização da mediação tecnológica.

Duas tecnologias complementares são consideradas durante o desenvolvimento do estudo e da apresentação da proposta para o desenvolvimento de OAs flexíveis. A primeira delas diz respeito aos SGCA. A segunda são os mapas conceituais, ou *conceptual maps* (CMAP), sugeridos por Novak (2000).

Os mapas conceituais permitem dividir uma ideia complexa (curso, disciplina, eixo temático etc.) em simplificações que fracionam os conceitos, atingem alta granularidade[5] e independência do contexto e identificam um OA. Depois disso, as características dos OAs definem a primeira visão usuária.

Alguns SGCA proporcionam o desenho de rotas de aprendizagem que orientam os usuários sobre como desenvolver o estudo de determinado conteúdo, em um processo de conversação didaticamente orientada, considerado por Peters (2001) como uma das formas mais eficientes de desenvolver atividades de aprendizagem independente.

Os SGCA e os mapas conceituais são tecnologias complementares que acessam os ROAs e trazem cópias dos objetos para consulta à memória, em tempo de execução, utilização e alteração, com a criação de novas visões usuárias, que alteram a sua apresentação.

---

5   A granularidade se refere ao nível de detalhamento de uma ideia complexa em conceitos mais simples e determina o grau de independência do contexto, o que aumenta a possibilidade de sua reutilização mais extensiva.

diálogo

As rotas de aprendizagem são orientações sobre qual é a forma de acesso mais indicada a um conjunto de OA. Trata-se de uma sequência determinada, apresentada na forma de um diálogo didaticamente guiado e não condutista[6] ou assistencialista. Elas apenas ordenam a chamada dos OA em uma das formas possíveis, considerada a mais recomendada pelo docente.

Este livro está alinhado com aqueles especialistas e pesquisadores (Arétio, 1994; Belloni, 1999; Litwin, 2001; Peters, 2001; Rumble, 2003) que consideram a produção de materiais didáticos em multimeios de vital importância para os ambientes enriquecidos com a tecnologia. Eles acreditam que esses materiais devem ser diferenciados em relação aos materiais tradicionais e que seus níveis de diálogo e interação devem estar voltados para criar ambientes que ofereçam condições para que o aluno, ao dispor de um elevado volume de informações, tenha todas as possibilidades de criar novos conhecimentos, o que é facilitado com o uso dos AVA.

Aos projetistas cabe a responsabilidade pela criação de ambientes que possibilitem aos alunos:

- a aprendizagem independente;
- a busca constante de apoio da tutoria ou por orientação acadêmica;
- uma abordagem da aprendizagem com base no exercício de resolução de problemas;
- uma pedagogia diferenciada, que prevê o respeito às condições de ritmo e formas individuais de aprender;
- as atividades colaborativas desenvolvidas em grupo;
- a aplicação da **andragogia**[7] (Knowles, 1993), abordagem que respeita as características que orientam sobre as formas de aprendizagem do jovem e do adulto;

---

6   Na abordagem condutista, o docente apresenta ao aluno os conteúdos e a forma de desenvolver os estudos, de forma rígida e com a limitação de sua autonomia e consequente não utilização de sua criatividade.

7   Modo como os adultos aprendem.

- o sociointeracionismo como forma de desenvolver as atividades de aprendizagem;
- receberem orientações para o *aprender a aprender, aprender pela pesquisa, aprender pelo erro* e, ainda, o mais importante: *aprender fazendo*. Essas orientações são proporcionadas por meio de atividades especialmente desenvolvidas em tempo de PI, voltadas para a efetivação dessas metodologias, recomendáveis para tornar o aluno mais participativo e o resultado da aprendizagem mais significativo.

Esses ambientes sugerem uma série de medidas e passam a exigir um maior esforço do aluno. Todas essas medidas representam abordagens pedagógicas e podem ser utilizadas para o ensino-aprendizagem em todos os níveis. Aqui, a proposta é orientar a aprendizagem do jovem e do adulto, não somente porque o aumento de demanda por educação ocorre mais por causa desses segmentos, mas também pelas características da linguagem utilizada por esse grupo.

O desenvolvimento dos materiais didáticos em multimeios por equipes multidisciplinares, em grande parte, contorna a dificuldade que os docentes têm quanto à produção de textos dialogados e, ao mesmo tempo, incentiva o aluno a se tornar mais ativo, o que gera um duplo benefício. Dessa forma, o docente entrega apenas um "texto plano", cujo conteúdo é adaptado ao meio mais indicado e à sua linguagem particular.

Apesar de o uso de equipes multidisciplinares provocar aumento de custos, a proposta de reutilização e industrialização dos materias pode recuperar os gastos e oferecer, dessa forma, uma boa relação entre custo e benefício. São orientações que remetem diretamente ao uso da tecnologia de OAs.

Assim, o principal direcionamento desse livro volta a ser destacado: responder a dúvidas dos usuários sobre o que é possível desenvolver e como podem utilizar elementos didáticos e pedagógicos para criação, acesso e utilização dos OAs. O objetivo é reiterar recomendações para evitar o que já aconteceu com muitas tecnologias desenvolvidas para a solução de problemas educacionais: tinham apenas destaque e enfoque tecnológico e acabaram não sendo utilizadas em todo seu potencial.

É uma situação que pode prejudicar o uso de um elemento capaz de aumentar o volume de recursos tecnológicos disponíveis que tenham qualidades didáticas e pedagógicas de destaque, resultantes do uso de uma visão compartilhada de especialistas em sua construção.

Na atualidade, as frustrações ainda são grandes ante expectativas criadas tanto pelos que desenvolvem os OAs quanto por aqueles para os quais eles foram desenvolvidos. Em nosso país, o crescimento dos ROAs ainda é muito pequeno.

Um estudo importante a destacar é o desenvolvido por Nash (2005), que aponta problemas na busca (ou pesquisa) por esses elementos, visto que os OAs recebem diversas denominações, como os que aparecem a seguir:

- *Knowledge objects* – Objetos do conhecimento.
- *Educational objects* – Objetos educacionais.
- *Knowledge chunks* – Pedaços de conhecimento.
- *Digital objects* – Objetos digitais.
- *Digital education computer programs* – Programas digitais educacionais por computadores.

A diversidade de nomenclaturas dificulta a localização padronizada dos OAs, como se pretende. Ainda que o usuário possa pesquisar por qualquer uma dessas designações citadas, neste livro utilizamos o padrão sugerido pelo grupo de estudos *Learning Object Metadata* (LOM), que é um órgão padronizador e responsável pela definição de regras para busca e localização de OAs, que podem ser seguidas sem causar interferência no trabalho dos usuários, pois simplesmente estabelecem universalização.

Nash (2005) considerou importante não ocultar as dificuldades que podem ser observadas na produção dos OAs:

- Não são reutilizáveis na medida esperada, por causa da granularidade elevada e da independência de contexto.
- Não são intercambiáveis ao nível desejado, por causa de problemas de interoperabilidade.
- Não são facilmente localizados, por causa de problemas de classificação (problemas com metadados e diversidade de padronizações).
- Apresentam qualidade altamente variável, por causa da criação não compartilhada.

No estudo que estamos realizando, sugere-se a inclusão de um novo item às considerações de Nash (2005):

- Não são utilizados pelos usuários de acordo com as expectativas sugeridas pela indústria do *software*, por causa da falta de conhecimento do elemento tecnológico e da ausência de respostas aos seus questionamentos didáticos, pedagógicos e éticos. O docente carece de orientação sobre as formas adequadas de acesso, manipulação, uso e criação de novos objetos. Isso retira qualquer incentivo à sua produção e utilização.

Esse último item representa a preocupação em adequar a abordagem tecnológica dos OAs ao nível de compreensão dos usuários e inferir uma perspectiva educacional desenvolvida por meio do esclarecimento aos questionamentos tecnológicos, didáticos, pedagógicos e éticos, para que os OAs sejam criados e utilizados para o desenvolvimento de projetos educacionais.

A resposta a esses questionamentos não diz respeito à alta tecnologia subjacente. Trata-se de perceber as possibilidades desse elemento tecnológico sob um enfoque didático e pedagógico e de motivação aos usuários, para que efetuem sua produção e utilização.

saiba +

Antes de entrar no âmago da proposta, experimente outras iniciativas para a criação de OA. Conheça, com mais detalhes, uma visão particular que vai permitir a criação de um ROA. Acesse os *sites* relacionados na sequência e conheça mais sobre os OA visitando o e-ProInfo: <http://www.eproinfo.mec.gov.br>, e a Escola do Futuro: <http://www.futuro.usp.br>. Para aprofundar seus conhecimentos, procure os *sites* indicados na referências, ao final do livro, sobre os pesquisadores Wiley e Nash.

Ao concluir a leitura do que pode ser considerada uma apresentação inicial dos OAs, de maneira ainda não formal, podem ser destacados alguns temas para estudos complementares:

- Aprender a aprender; aprender pela pesquisa; aprender pelo erro; aprender fazendo; aprendizagem significativa – As cinco ideias pedagógicas são um importante complemento ao desenvolvimento da aprendizagem independente, e você deve procurar elementos que lhe forneçam detalhes. O aprender a aprender leva o aluno a reflexões que lhe permitem identificar a forma como ele mesmo aprende. Esse é um dado importante para aprimorar seu aprendizado. O aprender pela pesquisa, além de levar o aluno a beneficiar-se do elevado volume de dados disponíveis no ambiente em rede, pode formar nele um espírito científico, voltado para produzir novos conhecimentos apoiados no método científico, tão necessários na área acadêmica. Ao perder o medo de aprender pelo erro, o aluno adquire mais segurança e criatividade para inovar. O aprender fazendo leva ao empirismo, como meio de efetivar a teoria na prática, além de retirar o aluno da atividade de decorar conteúdos e tornar a aprendizagem mais próxima do que acontece na vida real, tornando-se, consequentemente, mais significativa.

- **Internet como base de suporte** – Procure combinar o resultado de suas pesquisas e monte um material para suas atividades futuras. É importante que você investigue a internet, consulte a obra de Gates (1995) – *A estrada do futuro* – e visite o *site* do professor José Manuel Moran[8].

- **B-learning** – É importante comprovar o destaque do *b-learning* (*blended learning* – em português, "aprendizagem mista") não só como uma forma de introdução e criação de cultura para o uso da mediação tecnológica, mas também no enriquecimento dos ambientes presenciais tradicionais por meio da tecnologia.

- **Presença conectada** – Analise a perda de privacidade das pessoas em relação ao ganho de ter informações *on-line* em tempo real. Identifique as vantagens aplicadas ao campo educacional.

- **M-learning** – É importante questionar o *m-learning* (*mobile learning* – em português, "aprendizagem móvel") e levantar benefícios e desvantagens em sua utilização, como, por exemplo, o *tecnostress* (estresse tecnológico).

- **Ambientes híbridos** – É importante você relembrar e guardar anotadas as formas mais comuns de ambientes enriquecidos com a tecnologia, presenciais e não presenciais.

- **Uso extensivo das tecnologias** – Procure, no ambiente em rede, uma revisão sobre o estado da arte[9] no uso extensivo das tecnologias e as mudanças

---

8   Para mais informações, acesse o *site*: <http://www.eca.usp.br/prof/moran>.

9   O estado da arte, em qualquer tecnologia, representa o conjunto de alterações mais recentes e que podem estar em uso, antes mesmo de estar pronto e disseminado o seu referencial de suporte teórico.

que estas provocam na vida das pessoas. Visite os *sites* de Don Tapscott[10], Naisbitt[11] e Chris Dede[12] para ter três visões diferenciadas. A primeira tecnologista, a segunda futurista e a terceira sociológica.

- **Visão usuária** – Em uma base de dados, o ordenamento é feito de forma a equilibrar o melhor aproveitamento tecnológico e os aspectos didáticos e pedagógicos. Já o usuário pode desejar ver esses dados em uma forma diferente da lógica de armazenamento básico, sendo possíveis diversos arranjos e formas diferenciadas de recuperá-los. Apesar do viés tecnológico do tema, é importante que os usuários tenham um conhecimento básico desse conceito.

- **Sistemas inteligentes** – Os sistemas inteligentes (sistemas especialistas e de inteligência artificial) ocupam um papel que logo deve ser de destaque, razão para que você direcione suas pesquisas e parte de sua atenção para adquirir conceitos mais consistentes sobre o assunto. Acesse o grupo de pesquisa da Universidade Federal de Santa Catarina (UFSC)[13] – laboratório de mídias virtuais – e conheça mais sobre o assunto. Outras referências podem ser localizadas na obra *Inteligência artificial* (Rabuske, 1995).

- **Interface Homem-Máquina (IHM)** – A IHM é um dos fatores que podem influenciar o rendimento dos usuários das tecnologias. Aspectos como navegabilidade, usabilidade e personalização devem fazer parte da cultura dos usuários. Desenvolva a busca por informações via pesquisa na rede.

- **Sistemas de Gerenciamento de Conteúdo e Aprendizagem (SGCA)** – Os SGCA entraram definitivamente em todos os cenários dos ambientes enriquecidos com a tecnologia. Ao simular a metáfora de um "*campus* virtual", eles permitem o desenvolvimento similar – mantidas as proporções, variadas em função da qualidade que cada SGCA oferece – de todas as atividades desenvolvidas no ambiente presencial. Por essa razão, é interessante que você complemente as informações que este livro lhe oferece.

---

10 Acesse: <http://www.dontapscott.com>.
11 Acesse: <http://www.naisbitt.com>.
12 Acesse: <http://isites.harvard.edu/icb/icb.do?keyword=chris_dede>.
13 Acesse: <http://www.labiutil.inf.ufsc.br/>.

- **Rotas de aprendizagem** – Um dos elementos tecnológicos presente nos SGCA é a criação de rotas de aprendizagem, que são roteiros que combinam diversos OAs (se eles forem utilizados) ou que instruem os alunos usuários a desenvolverem uma série de passos que sejam didática e pedagogicamente definidos como os mais recomendáveis. Independentemente dessas possibilidades, é importante que você adquira mais informações sobre elas. Após suas pesquisas, guarde os materiais para consultas futuras.

Capítulo 03

Visão sobre o atual posicionamento docente

O desenvolvimento tecnológico chama, mais uma vez, os docentes a prosseguirem em um processo de educação permanente e continuada para a manutenção da qualidade e da atualidade do conhecimento transmitido aos seus alunos. Acredita-se, porém, que essa tecnologia venha a ser uma poderosa auxiliar para o desenvolvimento de sua prática e ação docente.

3.1 O estado da arte

Os OA são mais uma tecnologia educacional em busca de estabilidade do que, propriamente, uma área do conhecimento que tem um estado da arte. Trata-se, ainda, de um conjunto de conhecimentos reunidos por grupos que estão desenvolvendo, em paralelo, estudos e trabalhos com os OA.

Este livro, que traz a proposta de criação e uso de OA flexíveis, é resultado de experiência pessoal, adquirida em diversos cursos, seminários internos, reuniões acadêmicas e na produção de uma tese de doutorado (Munhoz, 2007) com a proposta da apresentação de um protótipo para criação, armazenamento e uso de OA flexíveis.

Ainda há um grande ceticismo quanto ao uso dessa tecnologia. Em parte, devido ao fator resistência ao novo, ou, também, em razão das frustrações com experiências anteriores, bem como a um posicionamento contrário ao que representa a industrialização do processo de ensino-aprendizagem.

> Não se trata de uma crítica direta e indiscriminada a todos os pedagogos, mas a uma parte deles. Não há nada que indique que o processo de industrialização da produção de materiais didáticos em multimeios seja incapaz de oferecer qualidade similar ou superior à dos materiais produzidos nos ambientes tradicionais. Essa afirmativa você mesmo pode justificar e dar a sustentação teórica necessária: consulte Peters (2001), Litwin (2001) e outros materiais disponíveis na rede para obter maior domínio sobre o assunto.

diálogo

Para superar esse sentimento inicial, a apresentação dos questionamentos adota uma forma de explanação que recorre aos conhecimentos da ciência cognitivista, no que diz respeito ao processo de aprendizagem dos alunos nos sistemas tradicionais. Os alunos passam por diversas etapas, adquirem novos conhecimentos, relacionam seus conhecimentos anteriores e, então, compõem novos conhecimentos (Fialho, 1998).

Assim, os OA podem ser relacionados como elementos diferenciados que desempenham uma única função ou como um único elemento que desempenha diferentes funções (polimorfismo). Eles são "pequenos pedaços de conhecimento" (Wiley, 2000) que podem ser reunidos sob múltiplas formas e gerar novos conteúdos a serem disseminados em grande escala. Sozinhos, eles não representam nada, mas sob a batuta de um docente experiente, não estressado pelo uso da mediação do aparato tecnológico e devidamente preparado, eles podem adquirir significado e permitir a transmissão de conhecimentos em um grau crescente de dificuldade – do mais simples para o mais complexo –, que represente a criação de novos conhecimentos ou a reconstrução de conhecimentos já existentes, com consciência e compreensão do processo que os gerou.

Outro cânone para a produção de materiais didáticos para os ambientes enriquecidos com a tecnologia é a interatividade, outra área que muitos docentes não estão acostumados a desenvolver. É requisito para que a aprendizagem efetivamente ocorra nos ambientes enriquecidos com a tecnologia, mas deve ser mantida em níveis adequados, para evitar a sobrecarga cognitiva ou laboral. Isso poderia colocar todo esforço na produção dos materiais em multimeios a perder.

diálogo

A sobrecarga laboral e cognitiva é uma realidade que você pode detectar e deve evitar, caso venha a produzir materiais em equipes multidisciplinares, como geralmente são as equipes para produção de materiais em multimeios. O processo é similar ao desenvolvimento de produtos multimídias e hipermídias, que partem de um roteiro (*storyboard*[1]). No desenvolvimento dos OA, cada um deles pode ser um dos passos desse roteiro, cuidadosamente desenvolvido.

Um dos principais atrativos na produção e na utilização dos OA é a possibilidade múltipla dos usos e das combinações de diversos meios. A estratégia, por trás do uso de toda a parafernália eletrônica disponível, é a apresentação de um mesmo conteúdo em múltiplos meios, com o objetivo de atingir de forma flexível a diversidade cultural do público-alvo, com respeito à Teoria das Inteligências Múltiplas (Gardner, 1993). O envolvimento da afetividade e da emoção atende às colocações de Piaget (1996) e Goleman (1996). Para esses autores, não há educação sem emoção e, por isso, torna-se necessário gerir conflitos nos trabalhos desenvolvidos em grupos – uma das estratégias recomendadas nos ambientes enriquecidos com a tecnologia.

A disponibilidade em rede e o desenvolvimento de grupos em CAV sugerem o uso do conceito de *inteligência coletiva* (Lévy, 1999b), que considera ser possível o nivelamento de conhecimentos de grupos de pessoas que inicialmente apresentavam diferentes níveis de conhecimento sobre algum determinado assunto.

Trata-se de uma somatória de ideias, utilizadas no propósito de não somente dar sustentação teórica ao processo de produção dos OA, mas também de dotar esses elementos da qualidade necessária para atuarem como fonte de recursos a todos aqueles que vão desenvolver trabalhos nos ambientes enriquecidos com a tecnologia.

A evolução tecnológica, que proporcionou a utilização extensiva das ligações em banda larga (internet de alta velocidade) e da computação em nuvem (servidores para conteúdos e serviços), desperta promessas que ainda não foram

---

[1] O *storyboard* é uma ferramenta textual ou digital que apresenta o rascunho de uma "tela", sendo indicados nela os elementos (texto, áudio, *links*, botões etc.) que irão compor o objeto.

cumpridas devido às próprias limitações tecnológicas. Assim, as simulações, os laboratórios virtuais, a terceira dimensão, os jogos digitais, o uso dos metaversos[2], entre outros, ressurgem com possibilidades ampliadas.

A soma de recursos mexe com a cabeça dos participantes de cursos e seminários. Assim, torna-se uma arte evitar a sobrecarga cognitiva. Muitos se questionam pelo desconhecimento, outros porque suas instituições ainda não estão utilizando tantas e tão variadas possibilidades. A falta de recursos ou a formação dos usuários são os motivos mais apontados.

Ao constatar esse fato, outro questionamento surge: Por que não utilizar convênios entre instituições de ensino particulares, estaduais e federais públicas? Essa é uma das grandes dúvidas.

Uma das principais reclamações é que muitas citações em estudos colocam, mais uma vez, o docente como um dos possíveis culpados. Esse erro de enfoque deve ser evitado a todo custo, já que a importância do tutor cresce em um meio mediatizado pela tecnologia.

Outro aspecto a ser considerado é a efetivação da interdisciplinaridade, mediante o uso de OA provenientes de diferentes áreas do conhecimento, armazenados em diferentes localidades, montados por diferentes especialistas e que podem ser recompostos em contextos diferenciados.

É de interesse do docente ter à disposição uma grande quantidade de OA, o que pode trazer grande flexibilidade ao planejamento de aulas e cursos. A expansão das possibilidades permite atingir o ideal de propor tarefas diversificadas, adaptadas ao ritmo e ao interesse individual.

Apesar da boa receptividade à ideia, o interesse despertado ainda é relativo. Isso parece ocorrer por causa do grande número de tecnologias que ficaram sem uso e apenas ocupam lugar nas prateleiras dos laboratórios de informática das instituições de ensino. Há o receio que o mesmo possa acontecer com a tecnologia dos OA.

---

2 Os metaversos são "universos paralelos", nos quais condições e situações similares àquelas vivenciadas no mundo real podem ser simuladas, como se fosse uma "terceira dimensão". Neles, as pessoas podem assumir diferentes papéis que, inclusive, podem alterar suas personalidades na vida real – o que é apontado, por diversos sociólogos e psicólogos, como algo que pode trazer possíveis problemas.

Muitas vezes, é a custo de embate, com a direção e com os usuários, que se consegue propor um processo de formação de competências e habilidades para que todos possam desenvolver um trabalho diferenciado e da forma mais confortável com o aparato tecnológico.

> **diálogo**
>
> Parece que as instituições de ensino superior ainda não enxergam a importância dos processos de formação permanente e continuada que preparam os usuários dos ambientes enriquecidos com a tecnologia para se sentirem confortáveis e dispostos a criar formas inovadoras de ensino-aprendizagem. As iniciativas ainda são pontuais, mas aos poucos elas devem proliferar.

A discussão inicial não gira em torno da tecnologia subjacente nem da usabilidade das interfaces. Como regra geral, os questionamentos recaem sobre os processos de ensino-aprendizagem e o grau de flexibilidade que pode ser obtido com uma multiplicidade de recursos (como, por exemplo, os OA) colocados à disposição dos usuários.

O grau de acomodação ainda é marcante e indica a necessidade de uma escalada nada fácil para se atingir o objetivo proposto de nivelamento do uso da mediação e do aparato tecnológico. Alguns usuários carecem de criatividade ou ainda apresentam uma vontade maior em seguir sequências predeterminadas em livros-texto ou *sites* de apoio aos usuários da tecnologia.

É também momento de destacar o fator resistência do docente, em particular, o que pode ocorrer por razões estruturais, alheias à sua boa vontade, mas que acabam por provocar uma situação de desinteresse, como consequência natural da falta de autoestima, provocada pelas razões já citadas. A presença da tecnologia, em especial da tecnologia dos OA, por si só não garante mais funcionalidade ou qualidade aos produtos educacionais. O sucesso está diretamente ligado à participação. Por isso, é importante destacar que a capacitação é necessária para todos os usuários, criadores ou utilizadores, que precisam atuar de forma participativa, interessada e com alta motivação para que os objetivos estabelecidos sejam atingidos.

Outras questões fogem do tecnológico e do didático e pedagógico, centrando-se nos interesses particulares de cada um e envolvendo custos, direitos autorais, falta de investimentos (públicos ou particulares) e localização com uso de metadados. A soma desses fatores relatados anteriormente é responsável pelo baixo volume de OA existentes na atualidade nos Repositórios de Objetos de Aprendizagem (ROA) – os grandes bancos de dados que os armazenam.

Os OA estão sujeitos a dois tipos de avaliação. O primeiro é a avaliação heurística por parte de especialistas, que reportam o que diz respeito a parâmetros e padrões que valoram as características do objeto com relação a um conjunto de regras e modelos. O segundo, mas não menos importante, diz respeito à obtenção de um elevado grau de satisfação por parte de seus usuários. Ambas as avaliações permitem melhorar a qualidade dos objetos existentes e orientar a produção de novos objetos.

O primeiro "mito" a ser superado é o de que os OA orientam para o estudo autodidata. O "estado da arte", nesse caso, ainda está por se estabelecer. Na atualidade, eles se resumem a uma série de atividades inovadoras, entre as quais se insere a proposta, como a adotada neste livro, de relacionar respostas e orientar para um desenvolvimento aberto e flexível.

Como toda a tecnologia em seu estado inicial, os OA têm ainda um longo caminho até atingirem um ponto de estabilidade que proporcione mais confiança em sua utilização. Neste capítulo, foi destacada a inutilidade de seu desenvolvimento sem a participação ativa dos usuários, aqui considerados os docentes produtores, docentes usuários, alunos e interessados. Na continuidade dos estudos, ao analisar, de forma distinta, o papel do docente e do discente em relação às formas de encarar essa tecnologia educacional, você vai ter a oportunidade de comprovar o nível de importância que eles têm.

3.2 Conhecimentos necessários ao docente

Aos docentes é sugerido o desenvolvimento de atividades de reflexão sobre o papel que ele considera desenvolver perante estereótipos que descaracterizam sua ação e prática profissional. Isso pode levar a uma revisão e ao redimensionamento da forma como compreendem os processos educativos, com a utilização da mediação tecnológica.

Por causa da generalização do uso da tecnologia – uma tendência que não se pode deter –, suas consequências devem ser manejadas para evitar que venham a provocar o aumento da exclusão digital.

Ao trabalhar o conceito da cibercultura[3], Lévy (1999a) destacou fenômenos negativos – sobrecarga laboral e cognitiva; dependência; dominação; exploração e estupidez coletiva, provocada pelo aumento desenfreado do volume de informações. É uma advertência que o docente deve incorporar em seu perfil e em sua cultura, não podendo mais aceitar, sem questionamentos, atitudes e comportamentos impostos pelo determinismo tecnológico. Ele deve partir para a utilização das tecnologias de forma consciente somente após compreender os benefícios e a extensão das suas consequências, potencializando as positivas e diminuindo os efeitos das que considerar negativas, em benefício dos usuários.

Sobre isso, Trindade (1999) considera que o docente não pode mais atuar no ambiente enriquecido com a tecnologia sem, mediante profundas reflexões, operar "profundas mudanças nos modos de ensinar e na própria concepção e organização dos sistemas educativos, gerando profundas modificações em sua cultura e na cultura da instituição de ensino". Já Linard (2003) considera as NTICS como "dispositivos que mediatizam e influenciam as nossas representações".

O importante no redimensionamento da compreensão docente sobre o uso das tecnologias é que atenda à necessidade de incorporar novas estruturas (*campi* virtuais, salas de aula eletrônica etc.), novas formas de atuação (como parceiro, com a quebra de relacionamento de poder; como comunicador; como participante ativo de equipes multidisciplinares) e novas formas de interveniência com o aluno, incentivando-o a se apropriar também das técnicas, mas sem se deixar dominar pelo deslumbre.

Nesse sentido, *comunicação* e a *informação* passam a ser palavras de ordem para o docente e exigem processos diferenciados. Refletir sobre elas deve também levar em consideração as transformações provocadas pelas novas tecnologias.

---

3 O termo *cibercultura* faz referência à cultura criada pelo uso de equipamentos tecnológicos interligados em rede – um bom exemplo disso é a cultura desenvolvida pelas mídias sociais.

Estas atuam de forma sinérgica com outros elementos tecnológicos, já existentes no ambiente, e transformam as formas de utilização estabelecidas.

A responsabilidade do docente é criar conhecimentos e mecanismos que possibilitem a integração das NTICS ao processo de ensino-aprendizagem, como se espera que ele faça com relação aos OA. É importante destacar, novamente, que os docentes devem se preparar para que não sejam obrigados a desenvolver atividades com as quais não se sintam confortáveis, por desconhecer princípios, fundamentos ou técnicas.

O projeto *Um Computador por Aluno* (UCA)[4], por meio de propostas de formação de docentes por órgãos reguladores da educação e pela Universidade Aberta do Brasil (UAB), e mediante um sem-número de atividades pontuais de universidades estaduais e federais, com participação das particulares, cria um ambiente favorável para que os professores incorporem técnicas que já são parte integrante da vida dos alunos, o que torna ainda mais importante a integração dessas ferramentas ao processo de ensino-aprendizagem.

A relevância dessa atividade reflexiva deriva, em parte, de uma observação e de uma comprovação estudada pelos principais pesquisadores do uso das tecnologias no campo educacional, que apontam para a visão do "docente coletivo" (Belloni, 1999). Essa autora, junto com outros pesquisadores, considera que o uso "mais intenso dos meios tecnológicos de comunicação e informação torna o ensino mais complexo e exige segmentação do ato de ensinar em múltiplas tarefas". O que ela considera uma característica do ensino a distância pode ser estendido para todos os ambientes enriquecidos com a tecnologia.

Vista sob essa ótica, a perda do papel de detentor universal do conhecimento (perda do relacionamento de poder) transforma o docente em um companheiro do aluno; tendo em conta sua participação em equipes multidisciplinares, o docente deixa de representar uma entidade individual para representar uma entidade coletiva. Como participante ativo do processo de aprendizagem do aluno é que se revela, de forma radical, a mudança do papel do docente no processo educativo.

Belloni (1999) utiliza uma metáfora muito apropriada ao desempenho da função docente ao considerar que

---

4   Para mais informações sobre o projeto, acesse o *site*: <http://www.uca.gov.br>.

O professor não mais terá o prazer de desempenhar o papel principal em uma peça que ele escreveu e também dirigiu, mas deverá saber sair do centro de cena para dar lugar a outros muitos atores – os estudantes – que desempenharão os papéis principais em uma peça que o professor pode até dirigir, mas que foi escrita por vários outros atores.

Assim, uma ruptura epistemológica por parte dos idealizadores dos cursos a serem oferecidos nos ambientes enriquecidos com a tecnologia é necessária para que estes avancem de uma visão linear dos processos educativos para uma visão em rede, compatível com as teorias sistêmicas e da complexidade (Morin, 1999). O autor citado contribui para essa orientação ao definir que complexo é aquilo que "é tecido junto" (Morin, 1999). Nesse sentido, o pensamento é complexo. Ele abrange diversos elementos e partes usados na construção do OA, que são unidos pelo docente em um trabalho de reflexão cuidadoso e necessário.

Com base no que foi desenvolvido em Morin (2000), Munhoz (2007) e Libâneo (1998), podemos definir um perfil para o docente que vai desenvolver atividades nos ambientes enriquecidos com a tecnologia:

- Apresentar capacidade de análise, síntese e interpretação de fatos para expressar de forma clara os seus pensamentos.
- Receber os meios de comunicação sem se deixar cooptar dialogicamente, agindo de forma crítica e profícua em benefício a si mesmo e à formação de seus alunos.
- Adquirir e desenvolver capacidades de planejamento, de trabalho e de tomada de decisões em grupo (de forma colaborativa) para compartilhar e disseminar saberes estratégicos, que levem ao aumento da participação do aluno no ambiente – a avaliação dessa colaboração do aluno com o grupo é meritocrática.
- Demonstrar habilidades relativas ao gerenciamento da informação que revelem grande senso de organização pessoal e capacidade de retenção e memorização – não necessariamente de conteúdos extensos, mas de onde buscá-los e como acessá-los.
- Adquirir habilidades relativas à transmissão da informação e ao manuseio dos elementos de comunicação e sua apresentação.

- Adquirir competências e habilidades relativas ao gerenciamento da vida, pois o planejamento e a capacidade de administrar o tempo são fundamentais.
- Compreender a necessidade de introduzir, no processo de ensino-aprendizagem do qual participa, caraterísticas cerebrais, mentais e culturais dos conhecimentos humanos, de seus processos e modalidades, das disposições, tanto psíquicas quanto culturais, que conduzem ao erro e à ilusão (Morin, 2000).
- Assumir o ensino como mediação perante o número de tecnologias disponíveis, e a aprendizagem ativa do aluno como o resultado dessa mediação pedagógica apoiada na tecnologia.
- Lutar para que os ensinamentos deixem de ser ofertados de forma pluridisciplinar e passem para uma prática interdisciplinar.
- Conhecer e aplicar ideias pedagógicas do aprender a aprender, do aprender pelo erro, do aprender fazendo e da aprendizagem colaborativa – uma vez que a solução de problemas por meio de atividades desenvolvidas em grupos é mais significativa para o processo de ensino-aprendizagem.
- Adotar, em sua ação e prática docente, o empenho em ajudar os alunos a buscar uma perspectiva crítica dos conteúdos, para que se habituem a aprender as realidades enfocadas nos conteúdos de forma crítica e reflexiva.
- Integrar, no exercício da docência, a afetividade e a emoção.

> **diálogo**
>
> É importante observar que a formação diferenciada do docente que vai trabalhar em ambientes enriquecidos com tecnologia passa longe da mera capacitação técnica. Exige a formação de competências e habilidades humanistas, psicológicas e sociais. A pós-modernidade[5] altera de modo fundamental o relacionamento entre os atores do processo de ensino-aprendizagem. Isso muda, consequentemente, as exigências para a formação do docente, que trabalhará com as tecnologias e por meio delas.

---

5 A *pós-modernidade*, termo criado por Lyotard (1988) e trabalhado por Giddens (1991), representa a convicção dos sociólogos de que a sociedade deixou de ser governada pela história ou pelo progresso; a sociedade pós-moderna é extremamente pluralista e diversificada: "nenhuma 'grande narrativa' orienta seu desenvolvimento" (Giddens, 1991).

Durante os cursos de formação, parece haver uma aceitação das imposições. Isso pode impedir a evolução pessoal e profissional do docente e interferir em seu nível de competitividade.

Essa tendência a aceitar as imposições deve diminuir o fator resistência ao uso da mediação tecnológica. É curioso observar a transformação de posicionamentos tecnofóbicos em tecnófilos. É preciso cuidar para que essa mudança ocorra paulatinamente e desenvolva atividades reflexivas, sob o risco de se tornar apenas superficial e não incorporar a cultura do uso da mediação tecnológica e das NTICS ao perfil docente.

3.3 Comportamento discente

O estereótipo do discente dos ambientes tradicionais é o de um participante desinteressado, um receptor de conhecimentos prontos e acabados que são apenas decorados e utilizados para obter conceitos suficientes para aprovação nas avaliações punitivas[6] e, tão logo, são esquecidos, tornando-se apenas informações sem significado posterior na vida profissional do aluno. Este aluno, sem senso crítico e criatividade, não se tornará um solucionador de problemas capaz de desenvolver a aprendizagem independente e o trabalho colaborativo em grupo.

Na atualidade, quatro gerações convivem nos mesmos processos educacionais (Mattar, 2010). A flexibilidade assume uma importância ímpar, assim como as características de cada uma dessas gerações, pois cada uma delas tem características favoráveis e desfavoráveis. As duas primeiras (*baby boomers* e a Geração X) são mais reflexivas; as duas últimas (gerações Y e Z), principalmente a Geração Z, são imediatistas, superficiais e querem soluções rápidas; no entanto, estão mais acostumadas ao trato digital, já incorporado à sua cultura.

Desenvolver materiais didáticos adequados a essas diversidades não é uma atividade simples. Somente com elementos tecnológicos altamente flexíveis (como os OA) é possível atender a essas necessidades.

---

[6] Ao mensurar somente a capacidade de retenção, o processo de avaliação pune o aluno por sua incapacidade em decorar conteúdos.

Cabe aos docentes, pertencentes às gerações mais antigas, orientar os alunos na busca de novas formas de comunicação. Esclarecê-los sobre o que são os OA e o que podem fazer com eles. A atividade que seria mais difícil (o trato digital) fica simplificada devido às características desses alunos, que, desde a mais tenra idade, estiveram em contato com os meios tecnológicos digitais e, por isso, já estão acostumados a lidar com esses aparatos. O problema se consolida quando o docente revela dificuldade de compreender e de lidar com seus próprios meios de trabalho. Isso somente é superado quando ele aceita a situação e se dispõe a aprender junto com o aluno.

As características do ambiente enriquecido com tecnologia estabelecem um processo de participação mais ativo. O aluno, a exemplo do "docente coletivo", recebe um nome particular: o *aluno autônomo* (Belloni, 1999). Segundo essa autora,

> um processo educativo centrado no aluno significa não somente a introdução de novas tecnologias na sala de aula (ambientes enriquecidos com a tecnologia), mas principalmente uma reorganização de todo o processo de ensino de modo a promover o desenvolvimento das capacidades de autoaprendizagem (estudo independente). (Belloni, 1991)

Mas, o que é necessário para constituir o perfil desse novo aluno? As competências e habilidades necessárias são as seguintes:

- Dominar as mídias digitais.
- Compreender que as fronteiras entre o lúdico e o didático/pedagógico estão sendo, aos poucos, derrubadas – se isso exige um novo comportamento docente, exige da mesma forma um novo comportamento discente.
- Aceitar uma nova forma de participação do aluno, que exige uma nova cultura formada por um conjunto de competências e habilidades necessárias para que um estudante participe adequadamente dos ambientes de ensino, que, com o uso do trabalho em grupo, podem tornar-se mais produtivos.
- Envolver-se com a comunidade, em substituição à expressão individual, ou seja, o mérito do trabalho em grupo deve substituir a meritocracia individual.
- Saber aprender a trabalhar em grupo, colaborar, ter iniciativa, inovação, criatividade, senso crítico, resolver problemas, tomar decisões rápidas, geralmente com base em informações incompletas (Mattar, 2010).

- Aprender a analisar situações práticas, problemas da vida real, em que estão inseridos os conceitos que elucidam os conteúdos, mantendo contatos frequentes e trabalhando em grupo com os demais participantes do ambiente, docentes e orientadores.
- Compreender que as linguagens e a interpretação de textos são a base para a aprendizagem independente e, por isso, devem ser profundamente desenvolvidas, já que o analfabetismo funcional tem se apresentado como um dos grandes problemas no ambiente educacional.
- Compreender que aprender de forma independente não significa assumir responsabilidades sobre como aprender; isso ainda não prescinde do apoio e da ação da orientação acadêmica.

Essas competências e habilidades podem ser completadas pelos estudos de Jenkins (2006), desenvolvidos no Massachusetts Institute of Technology (MIT), em que são destacadas 11 habilidades, descritas em Mattar (2010), e que completam a orientação para os participantes dos ambientes enriquecidos com a tecnologia. Segundo Jenkins (2006), quase todas as habilidades indicadas pelo NML envolvem a atividade de colaboração. São elas:

1. Explorar o ambiente com a finalidade de resolver problemas (espírito de jogador).
2. Adotar identidades alternativas com o objetivo de improvisação (*performance*).
3. Interpretar e construir modelos dinâmicos do mundo real (simulação).
4. Experimentar e remixar significativamente conteúdos de mídias (apropriação).
5. Escanear o ambiente e mudar o foco, conforme a necessidade, para detalhes proeminentes (multitarefa).
6. Reunir conhecimentos e comparar informações com o grupo, em direção a um objetivo comum (inteligência coletiva).
7. Avaliar a confiabilidade e a credibilidade de diferentes fontes de informação (senso crítico).
8. Seguir o fluxo de histórias e informações por meio de múltiplas modalidades (navegação transmídia).
9. Pesquisar, sintetizar e divulgar informações (*networking*).
10. Navegar por comunidades diversas, discernindo e respeitando múltiplas perspectivas e compreendendo e seguindo normas alternativas (negociação).

II. Interpretar e criar representações de dados para exprimir ideias, encontrar padrões e identificar tendências (visualização).

Essas recomendações foram originalmente pensadas para orientar o sucesso dos jovens na aprendizagem realizada por meio de jogos digitais (*edutainment*); porém, adequam-se a todos aqueles que vão desenvolver estudos nos ambientes enriquecidos com a tecnologia.

Falar do papel do estudante é pertinente no contexto do uso dos OA, ao qual se aplicam todas as recomendações sugeridas por Jenkins (2006). Para isso, a mudança de cultura é necessária: o discente deve transformar sua perspectiva de aceitação passiva em uma participação ativa. A combinação de diferentes objetos com a construção de um caminho mais adequado às necessidades dos alunos depende das habilidades que acabamos de relacionar.

A previsão de gratuidade do recurso digital ou o pagamento *on-demand*, com aquisição do direito de uso eterno das novas versões dos objetos adquiridos, podem permitir que o aluno tenha a sua própria cópia do ROA e possa, então, remontar caminhos alternativos de aprendizagem. Essa nova visão altera questões de direitos autorais e de ética na utilização dos elementos tecnológicos. Os alunos que cursam programas de nivelamento para participação nos ambientes enriquecidos com a tecnologia são bem recebidos, pois é necessário que tenham condições de adquirir outras competências e habilidades para que seus trabalhos possam ser desenvolvidos de forma confortável.

3.4 Linguagem e mediação

O questionamento do uso das linguagens pessoal[7], interpessoal[8], transpessoal[9] e da linguagem dos meios de comunicação ainda é real e presente na pós-modernidade, mesmo após atingirmos o uso massivo dessas tecnologias.

A experiência da virtualidade, tomada no sentido da ausência da presença física, é diferente do uso das linguagens oral/presencial e/ou síncrona/não presencial. Estas nos trazem a insegurança do "encontro sem rosto" (Giddens, 1991), em que novas relações de confiança são necessárias para que os relacionamentos sejam mais profundos. Esse fato exige cuidados, pois traz riscos adicionados aos transtornos com "personalidades não reais", o que não é incomum na virtualidade.

A situação se torna ainda mais estranha quando travamos diálogo com a máquina e diversos fatores psicológicos e de ergonomia cognitiva intervêm (Fialho, 1998). São utilizadas diferentes linguagens, todas elas com uma característica comum: a necessidade de conhecimento para cada um dos envolvidos.

Os ambientes enriquecidos com a tecnologia ampliam os limites da linguagem de cada um porque eliminam as barreiras da presencialidade. Entretanto, ao mesmo tempo, podem impor limites, caso haja inabilidade de relacionamento do usuário com a máquina – problema que a área de IHM pretende minimizar.

Wittgenstein (1994) declara que "os limites da linguagem de cada um significam os limites do seu mundo". Dessa forma, compreender e dar significado corresponde a aprender a linguagem particular utilizada por um meio tecnológico e aumentar a capacidade de adquirir conhecimento.

Apreender a linguagem influencia a forma como concebemos a realidade e, ao mesmo tempo, a realidade em que vivemos pode influenciar a forma como

---

7   A linguagem pessoal é aquela que mantemos no dia a dia.
8   A linguagem interpessoal é aquela que mantemos no contato social presencial, que pode ser a troca da linguagem pessoal para adaptação a um contexto.
9   A linguagem transpessoal é aquela travada nos "encontros sem rosto" (Giddens, 1991), nos quais, segundo o autor citado, é possível representar papéis diferenciados.

compreendemos a fala das outras pessoas, os signos e significados[10] que cada elemento tecnológico nos traz e que representam a IHM.

Assim ocorre com os OA, mas não de forma única. Como eles apresentam um mesmo conteúdo sob diferentes formas, é importante dar privilégio àquela que atinge, de maneira mais direta, um determinado interlocutor.

Além de analisar a linguagem dos meios tecnológicos, Malmberg (1976) considera que o uso correto da linguagem é necessário tanto para a ação de compreender como para a ação de se fazer compreender. Ao nos expressarmos de forma oral, escrita, comportamental, ou quando reagimos ao estímulo de um interlocutor (humano ou artefato), é a linguagem que nos incentiva a uma interação social ou instrumental.

Hagège (1990) considera a existência de uma derivação do *homo sapiens*, por causa da imersão no ambiente enriquecido com a tecnologia e por estar sujeito a um elevado volume de estímulos: "Se é o *Homo sapiens*, é também, e antes de mais nada, o *Homo loquens*, homem de palavras". É caracterizado por sua linguagem, que constrói tanto o pensamento como a realidade, e sua formação se completa pela compreensão que tem dos estímulos que recebe durante o processo de comunicação, em que algo ou alguém está tentando lhe comunicar alguma coisa (Huizinga, 1996). Esse autor, levando em consideração o aspecto lúdico do ambiente enriquecido com a tecnologia, cria o conceito de *homo ludens*, que aproxima o conceito de entretenimento ao de linguagem.

Os usuários desses ambientes enriquecidos com a tecnologia devem compreender a tecnologia, e não apenas se render de forma alienada a ela. O uso dos computadores e dos ambientes em rede está alterando e ampliando a visão que temos da realidade, expandindo-a e trazendo toda a complexidade da sociedade da informação para nosso pequeno mundo.

A experiência do lúdico, como proposta nos ambientes de aprendizagem enriquecidos com a tecnologia e pelos OA, pode então ser compartilhada e transformar-se em interações sociais com pessoas que não conhecemos, mas com as quais adquirimos ou criamos novos conhecimentos.

---

10 Os signos são os símbolos compreendidos pelo homem; ele os criou para representar alguma coisa do mundo real. Os significados são aquilo que os signos representam.

Lévy (1999a) define o ciberespaço, ou cibercultura, como "o conjunto de todos os computadores interligados em rede" e considera que as pessoas que gravitam nesse ambiente são criadores de uma nova cultura, que, por sua vez, cria formas próprias de comunicação e também uma nova linguagem, que é influenciada e influencia – ou altera – a forma de linguagem de novos meios. Os usuários dos OA sentem isso de forma direta quando observam que esses "pequenos pedaços de conhecimento" (Wiley, 2000), independentes de contexto, podem ser combinados e, quando juntos, transmitem uma nova forma de conhecimento, que é percebido por uma nova linguagem.

Nesse contexto, além da IHM, insere-se a Comunicação Mediada por Computadores (CMC) – ou *Computer Mediated Communication* –, fonte da aquisição de novos conhecimentos e do *tecnostress*, um neologismo surgido na sociedade da comunicação e da informação pelo excessivo volume de informações oferecidas em uma multiplicidade de linguagens que acabamos por não saber como conectar. Ao procurar articular a linguagem dos meios de comunicação e de suas múltiplas mídias, Bergomas (1998) defende que compreender a linguagem desses meios é fundamental para o usuário do ambiente enriquecido com tecnologias.

Os mais otimistas com relação à CMC acreditam na criação de uma comunidade global com misturas de linguagens, costumes e visões de múltiplas culturas, na qual os OA, por serem elementos voltados para o ensino-aprendizagem, serão utilizados como base para a criação de materiais didáticos e produtos educacionais de livre trânsito entre culturas, linguagens e formas de comunicação.

Autores e pesquisadores de vários meios (como a realidade virtual, jogos educacionais, metaversos e outras tecnologias) têm, porém, uma preocupação em comum, conforme manifestam Nevado, Carvalho e Menezes (2007): "A tecnologia se desenvolve mais rapidamente do que a mente humana pode acompanhar. É preciso tomar cuidado, pois o aprendizado exige que o aluno tenha certo ritmo mental. Nem mais, nem menos. Excesso de tecnologia pode tirar o eixo de concentração do aluno".

A questão sobre o excesso de informação já foi tratada por muitos comunicadores. Você pode consultar o *site* de Gilberto Dimenstein[11] e acessar seus artigos sobre o assunto. Pode também acessar os artigos de Don Tapscott[12], um dos articulistas da revista *INFO Exame*. A exemplo desses autores, em nossas aulas temos destacado o fato de que o excesso de informação pode assustar algumas pessoas e até diminuir a sua autoestima.

saiba +

Segundo a opinião convergente de diversos pesquisadores – Moran (1998), Belloni (1999), Lévy (1999b), Mattar (2010) e Munhoz (2007) –, é interessante:

- Incentivar e desenvolver um sentido de comunidade funcional e ativa nos ambientes enriquecidos com a tecnologia.
- Manter essa comunidade ativa, participante e disseminadora de novos conhecimentos, com trocas constantes de informações.
- Nivelar o conhecimento de todos os participantes para possibilitar um diálogo mais profícuo, ainda que este seja atingido por meio da efetivação da inteligência coletiva.

Um dos fenômenos mais significativos que ocorreram no uso da tecnologia na educação foi o uso do metaverso *Second Life* (Mattar, 2010), disponibilizado no ambiente virtual. Inicialmente, foi criado para ser um ambiente lúdico, no qual as pessoas poderiam vivenciar personalidades diversificadas e exercitar a criatividade e a imaginação. Desconsiderando as atitudes politicamente incorretas às quais estão sujeitos os ambientes virtuais (não por estarem na virtualidade, mas porque indivíduos com tendências destrutivas navegam por ele), o *Second Life* acabou por se revelar um colaborador potente nas atividades educacionais.

A realidade virtual e a imersão dos usuários em cenários que são réplicas do mundo real abrem vastas possibilidades para o desenvolvimento de novas linguagens, novas formas de ensinar e aprender e, também, para a superação dos limites do tempo e do espaço, tornando as pessoas presentes por meio da personalização de avatares, com os quais podemos manter maior ou menor nível

---

11   Acesse: <http://www.folha.uol.com.br/folha/dimenstein>.
12   Disponível em: <http://www.dontapscott.com>.

de interação. Assim, diversas mídias e formas de comunicação podem utilizar linguagens variadas e concentrá-las em um único programa de computador.

3.5 Tecnologias disponíveis

Os OA são uma tecnologia cujo desenvolvimento estrutural necessita de linguagens de programação e pesquisa de última geração e deve oritentar as características de herança, polimorfismo, portabilidade e encapsulamento. Toda a complexidade apresentada pelas tecnologias de ponta se oculta com o uso de Interfaces Gráficas com o Usuário (IGU) – ou *Graphical User Interface* (GUI) –, que têm alta amigabilidade, usabilidade e navegabilidade. Elas fazem parte do conhecimento necessário ao usuário desenvolvedor.

Tendo sido criada a sua estrutura, que deve ser variável e flexível, os OA utilizam todas as tecnologias disponíveis nos ambientes enriquecidos com a tecnologia. Cada uma delas é identificada como uma das características que constituem o OA. Elas podem, ainda, ser desenvolvidas com estruturas vazias, para as quais o número de características é definido no momento de criação. Os componentes dessas características são as tecnologias: textos digitais, áudio, vídeo, animações 3D, realidade virtual, sistemas inteligentes, avaliações, internet e ferramentas da internet, *blogs*, páginas pessoais, redes sociais e quaisquer outras.

Na fase de utilização de OA já existentes, podem ser criados novos arquivos para características já existentes (como a inclusão de um novo texto como alternativa de adaptação a um contexto cultural diverso). As características existentes podem ser logicamente excluídas, por não interessarem a algum caso em particular (como um vídeo ou exercício que não sejam necessários no contexto em que o novo objeto vai ser utilizado). Também, novas características podem ser colocadas no objeto original, desde que o usuário esteja autorizado a fazê-lo (como uma citação de leitura complementar que recontextualiza o objeto a uma área de conhecimento ou a uma disciplina específica).

Dessa forma, a flexibilidade é completa e, ao final da manutenção, o objeto derivado pode permanecer ativo por tempo determinado e ser incorporado ao

ROA como um novo objeto. As alterações feitas no objeto original são guardadas, quando se tratar de inclusões de características ou de novos arquivos para características existentes, o que aumenta as opções de criação de novos objetos.

Os OA são colocados como recursos digitais que podem ser acessados em repositórios públicos ou particulares, para os quais é necessária uma associação que, de acordo com a utilização que o usuário venha a fazer, pode ser: gratuita, via contribuição fixa ou de pagamento *on-demand*.

Os textos são utilizados no formato PDF, assim a linearidade é quebrada e eles podem ser configurados em uma multiplicidade de *links*. Áudio, vídeos e animações são acessados por meio de servidores próprios, o mesmo ocorrendo com relação à realidade virtual, aos sistemas inteligentes e a outras tecnologias. A pesquisa para encontrar a localização dos OA nos ROA é desenvolvida com o uso de interfaces amigáveis que escondem a complexidade do usuário final.

Após a localização, os usuários podem baixar cópias de visões usuárias. No caso em que os objetos são utilizados de forma isolada, sob responsabilidade do usuário, o uso e o aproveitamento ficam a critério deste. No caso de cursos montados com o uso de OA, eles já estão previamente localizados e organizados e, normalmente, a sua utilização é efetivada com o uso dos SGCA, com participação das rotas de aprendizagem, que são componentes internos desses sistemas.

O relacionamento entre os OA e os SGCA não é previamente definido. São tecnologias independentes, interligadas por uma padronização que permite que um OA individual seja intercambiável, por meio dos SGCA, ou que componha uma rota de diversos OA. Essa padronização recebe o nome de *Sharable Content Object Reference Model* (SCORM) e faz com que os OA sejam portáteis, entre diferentes SGCA e entre diferentes sistemas operacionais.

Os usuários dos OA não precisam se preocupar com as complexidades. O objetivo é tornar a utilização a mais amigável possível, o que veremos ocorrer nos repositórios que você acessará nos capítulos seguintes.

LOM e SCORM são considerados pelo Institute of Electrical and Electronics Engineers (IEEE) como "padrões da indústria de *software*", assim como a tecnologia SEO. É bom que você saiba o que elas significam (veja os estudos complementares desse capítulo), mas não é necessário que existam maiores preocupações a respeito. Toda complexidade está encapsulada pela interface.

Os OA são formados por um conjunto de *links* que apontam para as localidades onde estão situados. Eles são arquivados em múltiplos meios e podem ter diversas visões usuárias, o que permite – além de flexibilidade – conhecimentos e perspectivas de diferentes especialistas.

Em cópias provisórias da estrutura, pode ser utilizada uma visão colaborativa (*wiki*)[13] para criar conhecimentos que, em uma etapa posterior, após a validação de sua qualidade, podem compor o resultado específico de determinada área do conhecimento.

Ao concluir a leitura deste capítulo, podemos destacar como temas de interesse para estudos complementares os seguintes:

Estudos complementares

Polimorfismo, herança, portabilidade, encapsulamento

Polimorfismo é a capacidade de um mesmo código desenvolver diferentes funções. Herança é a passagem de todas as propriedades de um objeto pai para um objeto filho[14]. Portabilidade é a capacidade de funcionar, sem alterações, em diferentes máquinas e sistemas operacionais. Encapsulamento é a propriedade de um código conter toda sua funcionalidade em um único módulo. Todas essas propriedades são estabelecidas por uma linguagem de Programação Orientada a Objetos (POO).

---

13 A tecnologia *wiki*, cujo maior exemplo é a Wikipédia (http://www.wikipedia.org), traz a possibilidade do trabalho colaborativo desenvolvido por um grupo de pessoas, de forma assíncrona e sobre temas de interesse comum.

14 O objeto pai é o objeto original. Quando alguma modificação (inclusão, alteração ou exclusão de características) cria um novo objeto, este é chamado de objeto filho, que "herda" todas as demais características do original.

Desde o início deste livro nos referimos à atuação dos usuários nos ambientes enriquecidos com tecnologia. É importante que você tenha em mente o que realmente eles representam:

- Ambientes presenciais que utilizam tecnologias (internet, SGCA).
- Ambientes EaD de presença conectada, *e-learning* e *m-learning*.
- Ambientes híbridos nos quais convivem o presencial e a EaD (um modelo teórico sobre o qual sugiro que você pesquise mais a respeito).

As inteligências múltiplas são um conceito trabalhado por Gardner (1993); a inteligência emocional é um conceito trabalhado por Goleman (1996) e a inteligência coletiva é um conceito criado por Lévy (1999b).

A conexão de banda larga é um tipo de ligação (5, 10, 54 mega, entre outras velocidades) em que um maior volume de dados consegue trafegar com maior velocidade, facilitando o desenvolvimento de simulações, apresentação de vídeos e realidade virtual. Há um planejamento governamental para equipar todas as escolas do ensino fundamental com esse tipo de ligação, o que, junto com o projeto UCA, pode provocar alterações significativas na educação.

A computação em nuvem nasce da proposta de agregar valor aos produtos digitais que funcionam na internet. Diversos serviços são colocados à disposição dos usuários a custo zero ou a baixo custo.

Metaversos são criações tecnológicas que simulam ambientes virtuais de aprendizagem com imersão total, em que o usuário é submetido a um processo de realidade expandida. Para conhecer mais sobre isso, visite o *site* do metaverso *Second Life*[15].

---

15 Acesse: <http://www.secondlife.com>.

Aluno autônomo é um conceito proposto por Belloni (1999) que substitui o conceito do aluno passivo, receptor de conhecimentos acabados. O aluno autônomo é caracterizado por ser um aluno participativo, que desenvolve a aprendizagem independente.

É também uma visão de Belloni (1999), que propõe a substituição do **docente** tradicional, detentor universal do conhecimento e do desenvolvimento da disciplina, pelo docente que, em um ambiente enriquecido com a tecnologia, divide seu trabalho com equipes multidisciplinares.

Os **jogos digitais** (*digital games*) ressurgem com a evolução tecnológica. Eles orientam a atividade de ensino-aprendizagem de uma nova geração, a dos *nativos digitais* (Mattar, 2010).

Edutainment é uma das formas previstas para a educação do futuro, em que educação e produção industrial de materiais de estudo convivem de forma harmônica, com diversão (*edutainment* significa *education* + *entertainment*, ou seja, "educação + entretenimento").

Amigabilidade, usabilidade e navegabilidade são considerados parâmetros ergonômicos que direcionam a produção das interfaces gráficas. Visite o *site* do Laboratório de Utilizabilidade da Internet[16] (Labiutil), da UFSC, coordenado pelo professor Walter de Abreu Cybis.

Search Engine Optimizer (SEO) é um elemento tecnológico utilizado para tornar algo mais localizável na rede.

---

16 Acesse: <http://www.labiutil.inf.ufsc.br>.

Search Query Language (SQL)

Search Query Language (SQL) é uma técnica de programação que utiliza uma base de dados para localizar, de forma diversificada e mediante um grupo de chaves, um registro ou um conjunto de registros com características semelhantes.

Sharable Content Object Reference Model (SCORM)

Sharable Content Object Reference Model (SCORM) é uma padronização que pode tornar um OA, ou um conjunto deles, portátil entre os SGCA.

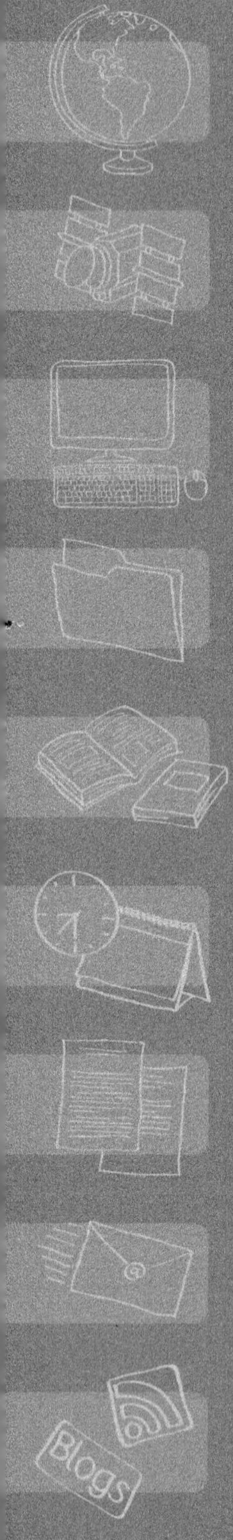
Blogs

Estruturas dos Objetos de Aprendizagem (OA)

Capítulo 04

Os OA, ao pretenderem representar um padrão, apresentam uma estruturação claramente definida, como observado nos nove grupos de trabalho de *Learning Objects Metadata* (LOM). O desenvolvimento dessa estruturação dá origem a uma série de questionamentos, cuja resposta pode facilitar seu desenvolvimento e sua utilização. Eles se distinguem das recomendações LOM por serem dúvidas pessoais muito comuns no início do trabalho dos docentes com o uso dessa tecnologia.

4.1 Questionamentos mais comuns sobre os OA

Os questionamentos sobre os OA são múltiplos e diferenciados, independentemente de serem feitos por futuros criadores, docentes, alunos ou, simplesmente, pessoas interessadas em conhecer os fundamentos dessa tecnologia. Para este livro, 12 questionamentos, considerados os principais no que diz respeito a aspectos tecnológicos, foram relacionados para discussão:

1. O que são os OA?
2. Qual a tecnologia subjacente e em que grau o docente necessita conhecê-la?
3. O que são metadados?
4. O que são ROA?
5. O que é interoperabilidade (portabilidade)?
6. Quem desenvolve os OA?
7. Como são projetados os OA?
8. Como são localizados e recuperados os OA?
9. Qual o significado e o propósito da reutilização dos OA e como isso se efetiva?
10. Quais as questões sobre o tamanho dos OA?
11. Como os OA podem ser utilizados?

12. Como alterar e adaptar os OA?

São questionamentos simples, cujas respostas dão uma noção básica e fundamental sobre os aspectos tecnológicos. Destacamos que a estruturação da base tecnológica é altamente complexa, mas não é apresentada na superfície do material, visto que os usuários não são responsáveis pela montagem das estruturas.

O nível desses questionamentos foi escolhido de acordo com os propósitos e os objetivos estipulados pelo público-alvo escolhido nesta obra. Contudo, isso não impede que tecnólogos, que são responsáveis pela estruturação dos repositórios, beneficiem-se dos conhecimentos didáticos e éticos que serão respondidos nos próximos tópicos a serem tratados.

4.2 O que são os OA

A evolução tecnológica e o uso de ambientes educativos enriquecidos com a tecnologia colocam desafios para a produção de materiais em multimeios. Segundo Wiley (2000), a mais forte candidata a assumir o papel de produzir materiais didáticos altamente flexíveis é a tecnologia de OA, pois apresenta alto potencial de reutilização, geração, adaptabilidade e escalabilidade. Além disso, proporciona redução de custos, o que é um forte incentivo para sua produção.

Essa tecnologia é um novo tipo de instrução por meio de computadores, fundamentada no paradigma da orientação ao objeto, que consiste na criação de objetos com finalidade educacional de possível reutilização em múltiplos contextos. Essa abordagem se contrapõe àquilo que ainda ocorre nos dias atuais: projetistas instrucionais continuam trabalhando na perspectiva de materiais lineares e com baixa interatividade. Assim que são desenvolvidos, tornam-se fixos e, quando são aplicados a diferentes contextos ou utilizados por um docente que não o desenvolveu, exigem grande volume de atividades de manutenção para adaptação a novas necessidades.

Com os OA, os projetistas instrucionais podem desenvolver pequenos pedaços de informação, que contêm significado completo em relação a uma área de conhecimento específica. Levando isso em consideração, eles podem ser reutilizados extensivamente, dentro ou fora da área para a qual foram desenvolvidos e, assim, favorecem a interdisciplinaridade e rompem com a compartimentalização dos conteúdos, um dos pontos indesejáveis do currículo seriado.

Esses elementos podem ser acessados, simultaneamente, por qualquer número de pessoas, sempre em sua última versão. A facilidade de efetuar alterações em suas características e a possibilidade do uso de visões usuárias permitem a adaptação dos conteúdos aos ritmos e às características individuais de aprendizagem, um dos aspectos desejáveis nos ambientes enriquecidos com a tecnologia.

As propriedades desses elementos são:

- Estão disponíveis para acesso *just in time*.
- São adaptáveis às características individuais dos aprendizes.
- São acessíveis e podem ser pagos (se for o caso) *on-demand*.
- Sua estrutura é desenvolvida com o uso das características e propriedades da tecnologia da Programação Orientada a Objetos (POO), inicialmente voltada para o desenvolvimento de sistemas e agora inserida no contexto educacional.

Um grupo de pesquisadores na Universidade de Wisconsin, em seu centro de recursos *on-line* (*Wisc-Online Resource Center*[1]), elaborou algumas definições sobre esse assunto (os OA) considerando os seguintes elementos:

- Uma nova forma de pensar sobre conteúdos de aprendizagem. São pequenos pedaços de informação ou conhecimento, menores que cursos, módulos ou unidades. São altamente interativos. Exigem, em média, de 2 a 15 minutos para serem completados.
- Pequenos e independentes. Interagem com o usuário mediante uma grande base de dados – em inglês, *Very Large Data Base* (VLDB) –, também denominada de *Repositório de Objetos de Aprendizagem* (ROA). Podem ser apresentados como componentes de aprendizagem ou referenciados como informações por meio das quais podem ser criados novos conhecimentos.
- Utilizam uma estratégia instrucional clara, que tem a intenção de ocasionar a aprendizagem por meio de um processo interno ou de uma ação de resposta a um incentivo.

---

[1] Mais informações disponíveis no *site*: <http://www.wisc-online.com>.

- São autocontidos, ou seja, cada OA pode ser complementado de forma independente.
- Exigem que os usuários olhem, escutem, respondam e interajam com o conteúdo de alguma maneira.
- Podem também ser utilizados de forma não interativa e ser projetados para leitura em salas de aula ou para discussões lideradas por um instrutor. Podem ser referências adicionais para revisão de componentes da aprendizagem de conteúdos específicos.
- São reutilizáveis, o que significa que podem ser utilizados em contextos diversificados e com múltiplos propósitos.
- São formados por partes que podem se tornar obsoletas. Assim que novas informações ou novos conhecimentos mudam o seu conteúdo, eles são imediatamente alterados e colocados à disposição da comunidade.
- Contêm partes capazes de ser agregadas e agrupadas em volumes maiores, para formar estruturas completas de disciplinas ou de cursos tradicionais. Nesses casos, é necessário efetuar um balanceamento do custo e do benefício em relação ao seu tamanho.

> Em termos gerais, apesar de extensa, a definição dos OA é simples. A complexidade está na criação de sua infraestrutura e em sua localização. Além da flexibilidade que os OA podem apresentar, a realização do uso e das combinações é uma tarefa simples, desde que o usuário dê significado a cada objeto e às combinações que são possíveis.

A pura e simples definição conceitual de um elemento tecnológico não é suficiente para garantir a sua utilização. Para os usuários, é necessário compreender e ressignificar a sua prática e sua ação profissional a fim de que a adequação à tecnologia seja desenvolvida de forma completa.

4.3 Tecnologias subjacentes aos OA

Um segundo questionamento importante é sobre o nível de conhecimento tecnológico necessário, que exige respostas que levem ao afastamento do mito sobre seu uso apenas por meio de técnicas da informática.

O conhecimento necessário sobre a tecnologia utilizada é apenas informativo. O objetivo é permitir que os usuários possam identificar, de forma clara e inequívoca, o que pode ser feito; ele não vai criar as estruturas, apenas utilizará os métodos que o sistema deixa disponíveis para criar objetos, acessá-los, utilizá-los ou rearranjá-los com outros objetos já existentes, alterando ou não suas características.

A criação da estrutura que dá suporte à manutenção (criação, alteração e uso) dos OA utiliza a tecnologia POO. Assim, em complemento ao tópico anterior, acrescentamos as seguintes definições aos OA:

- Representam uma entidade educacional. São encapsulados (autocontidos) e utilizam variáveis e métodos. São acionados por parâmetros que lhe dão a funcionalidade desejada, que pode ser identificada de forma clara por conta da amigabilidade que apresenta aos usuários. São elementos que apresentam estados e identidades próprios.
- Podem ser relacionados a um conceito de classe, que define um conjunto de objetos com características comuns. Uma classe contém um conjunto de variáveis, que deve ser o mesmo para todas as suas instâncias (um objeto específico).
- Quando em uso, é chamado por uma mensagem (comando), que invoca um de seus métodos. Essa mensagem ativa um comportamento, descrito para todos os elementos da classe.
- A uma hierarquia de classes se aplica o conceito de herança – por exemplo, se todos os telefones incluem a propriedade discagem, todos os telefones (celulares, fixos, com secretária eletrônica etc.) também incluirão essa propriedade.
- Podem utilizar um mecanismo, denominado *associação*, pelo qual um objeto pode utilizar recursos de outro.

- É possível que, por meio de alguma linguagem de programação, sejam criadas entidades autônomas, que segregam a parte interna do objeto e a escondem do mundo externo. Isso, em essência, é o encapsulamento; você usa o objeto, mas não o vê em sua estrutura.
- Pode ser utilizado em diferentes contextos para a solução de diferentes problemas – propriedade denominada *polimorfismo*.

> **diálogo**
> Você deve ter notado todo o viés tecnológico dado ao conjunto de propriedades. O objetivo é mostrar aos usuários que não há necessidade de aprofundamento, mas apenas de compreensão da funcionalidade de um objeto.

Os usuários devem compreender os aspectos que envolvem a tecnologia subjacente à produção de OA, mas é suficiente que seja em nível macro. Ambler (2009) considera o paradigma da orientação a objetos uma estratégia que tem base no conceito de que os sistemas (elementos didáticos e pedagógicos – como cursos, disciplinas e eixos temáticos) podem ser construídos com uma coleção de objetos reutilizáveis. Segundo o autor, os termos são jargões provenientes da engenharia de *softwares* e a conversão ao jargão educacional torna sua compreensão mais facilitada.

Os conceitos postos nessa visão tecnológica serão muito utilizados neste livro, e o termo *sistema* pode ser trocado por *conhecimento*. Essas propriedades serão citadas em partes específicas do texto, razão pela qual foram colocadas aqui, para melhorar a compreensão dos parâmetros que serão referenciados. Não há, assim, a necessidade de aprofundamento, mas de compreensão.

4.4 Metadados

Vistos de forma genérica, os metadados podem ser definidos como dados sobre outros dados. Eles são, na realidade, descritivos sobre o significado. A sua profusão é exigida quando se prevê, no ambiente, o uso da aprendizagem independente.

Nos ambientes enriquecidos com a tecnologia, há uma grande multiplicidade de elementos e informações que permitem identificar cada um dos objetos de forma única. Elementos descritivos são uma necessidade. Sem informações sobre os dados armazenados, o recurso pode se tornar irrecuperável, não identificável ou não utilizável.

Os consórcios que mantêm dados nos ambientes digitais criam estruturas de metadados para identificar os elementos armazenados nas grandes bases (no caso dos OA, são os ROA). Essas estruturas são denominadas *padrões*, pois uniformizam, por meio de uma série de elementos, formas de localizar dados (seja em uma base específica, seja no ambiente digital), de forma genérica, desde que os elementos sejam armazenados de acordo com aqueles padrões. Higgins (2006) considera como alternativo ao modelo LOM o seguinte padrão de metadados:

- **Descritivos** – Permitem a identificação, a localização e a recuperação de recursos de informações, com o uso de vocábulos para classificação, indexação e ligação a recursos relacionados.
- **Técnicos** – Descrevem o processo técnico usado para produzir ou solicitar o uso do objeto.
- **Administrativos** – São utilizados para gerenciar aspectos administrativos, tais como os direitos de propriedade intelectual. Eles também documentam informações (concernentes à criação, às alterações e às versões) que controlam o metadado em si.
- **De usuários** – Gerenciam o acesso, o acompanhamento e a disponibilidade de múltiplas versões.
- **De preservação** – Documenta ações que foram tomadas para preservação do recurso digital, tais como movimentações e cálculos de dígitos de verificação.

Conforme descrito, os metadados são enxergados de modo genérico, sem o nível de detalhamento proposto no consórcio LOM, de forma mais simplificada, e podem deixar algumas lacunas.

> **diálogo**
>
> Os metadados (como colocados na proposta de Higgins e na do consórcio LOM) acabam por ser, na realidade, palavras-chaves, que são utilizadas nos mecanismos de busca para a localização de OA. Por isso, a sua presença é indispensável.

O padrão que se desenvolve nos ambientes enriquecidos com a tecnologia, quando utilizam os SGCA, é denominado *SCORM*. Quando um determinado objeto, multimídia ou hipermídia, é desenvolvido com esse padrão, é aceito e se integra a todos os SGCA existentes no mercado na atualidade.

4.5 Repositórios de Objetos de Aprendizagem (ROA)

As estruturas dos OA, não o conteúdo dos arquivos para os quais eles apontam, devem ser armazenadas, assim como os metadados que identificam os OA em um lugar em que estão sujeitos a um padrão que permite a sua recuperação por formas diversas, via interfaces de elevada usabilidade.

Os locais de armazenagem são os ROA, acessados por linguagens de pesquisa SQL, com as quais os OA são colocados à disposição da comunidade educacional que os utiliza, e representam não apenas recursos para o docente, mas também recursos de aprendizagem independentes ou interligados, que permitem o desenvolvimento facilitado da atividade de educação por meio dos ambientes virtuais. Como regra geral, os ROA contêm o apontamento para uma série de materiais e recursos disponíveis, que podem representar um elevado grau de flexibilidade, obtido via utilização de manuseio de suas propriedades.

Todos os repositórios conhecidos até o momento baseiam-se na *web* e não exigem nenhuma tecnologia especial para acesso, inclusão e utilização de objetos (como já vimos, a complexidade está na estruturação). A sua recuperação inicia-se pelos navegadores, quando o endereço é conhecido, ou por macanismos de busca, que podem oferecer uma variedade de endereços alternativos. No caso dos navegadores, a interoperabilidade pode não ser total, ocasião em que é necessário o uso de algum *plug-in* (pequeno programa adaptador) para que se torne acessível.

diálogo

Caso você desenvolva uma pesquisa, observará o pequeno número de iniciativas em língua portuguesa. Mesmo internacionalmente, os repositórios estáveis e com proposta definida são poucos. Já os grupos de estudo são muitos. Ainda assim, por enquanto, são restritos a universidades e comunidades relativamente pequenas. Nota-se que a importância das vantagens que eles podem oferecer justifica o aumento das pesquisas.

4.6 Interoperabilidade (portabilidade)

Na Wikipédia há diversas conceituações sobre interoperabilidade[2]. Para os usuários dos OA, é um dado meramente informacional, mas que interessa conhecer, ainda que apenas para se integrar ao jargão da área e atuar nas equipes multidisciplinares que desenvolverão os OA. Esses conceitos se referem à habilidade de um sistema ou de um produto em trabalhar com outros sistemas ou produtos sem que sejam necessários esforços especiais, por parte do usuário, para conseguir desenvolver essa atividade.

A interoperabilidade pode ser verificada, por exemplo, na exigência que um aparelho de televisão digital faz para se conectar a um videocassete, ligado por cabos, e ter todos seus componentes funcionando em conjunto. Aproximando-se mais dos ambientes enriquecidos com a tecnologia, existem plataformas – *softwares* ou *hardwares* – para as quais essa definição ou conceitos podem ser aplicados. A interoperabilidade se relaciona à capacidade de um produto rodar, em qualquer plataforma, sem exigir esforços adicionais do usuário.

Nosso elemento de estudo são os OA. Considerando que são interoperáveis, é possível acessá-los por meio de qualquer SGCA. No caso dos navegadores, a briga entre eles para incluir novos recursos e novas facilidades pode fazer com que algum problema ocorra, o que é facilmente contornado com o uso de um *plug-in*. O ideal é que os OA apresentem, em sua integralidade, o conceito de interoperabilidade (portabilidade).

---

2   A interoperabilidade é, muitas vezes, denominada *portabilidade*.

Com relação aos SGCA, a padronização SCORM dá um grau de portabilidade seguro. Os problemas que podem surgir são comumente relacionados aos navegadores, que podem exigir *plug-ins* ou instalação de programas adicionais, o que exige cuidados.

diálogo

4.7 Quem desenvolve?

É importante compreender que os OA, de acordo com a nossa proposta, são abordados em dois aspectos. O primeiro trata dos ROA, que trazem os metadados e as ligações (*links*) para os arquivos, que compõem suas características e as visões usuárias. A segunda trata da estrutura dos diretórios onde são armazenados os arquivos.

Os ROA são criados pelos programadores na forma de uma estrutura vazia que é, na sequência, completada com as ligações de interesse. Já os arquivos são montados pelos seus próprios criadores, mas as características são definidas pelos projetistas instrucionais, coordenadores de cursos e docentes especialistas em equipes multidisciplinares.

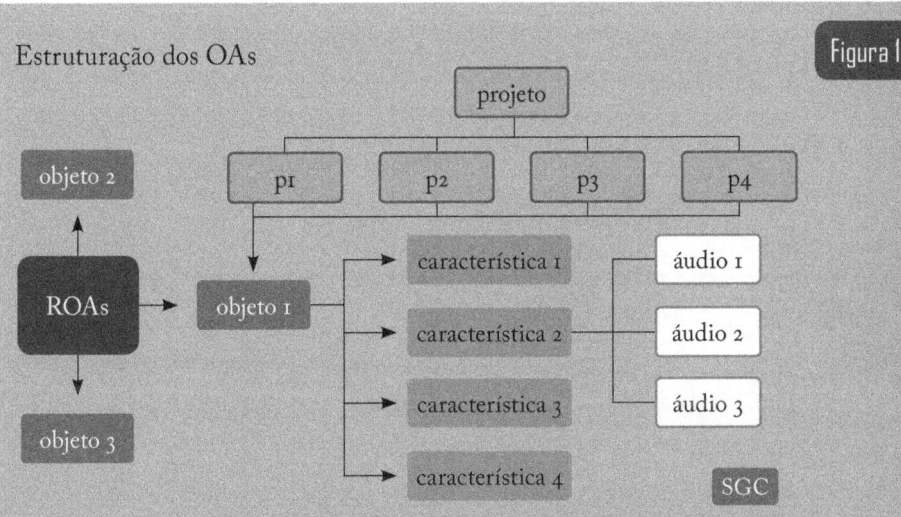

Estruturação dos OAs

Figura 1

Os repositórios contêm objetos, os objetos têm características, as características têm uma ou mais visões. A soma das visões de um ou mais objetos é colocada no SGCA (AVA Uninter) com rotas de aprendizagem. Os objetos derivam da divisão do projeto instrucional.

os arquivos que representam cada uma delas. De modo opcional, dependendo da estrutura usada pela instituição no seu SGCA, os objetos são agrupados e ordenados de forma didática e pedagógica para formar um determinado conteúdo a ser estudado.

Com a estrutura pronta, os usuários do ambiente enriquecido com a tecnologia podem acessar os OA, indicar sequências de utilização ou desenvolver atividades de manutenção, liberadas de acordo com o nível de autorização do usuário no ambiente (como as permissões para manutenção, cópia e reordenação ou as exclusivas para acesso).

Como você pode observar, a proposta que está sendo apresentada organiza e permite o arranjo de conteúdos, como "pequenos pedaços de conhecimento" (Wiley, 2000) que são independentes do contexto e podem ser recontextualizados nas notas de aprendizagem ou na própria utilização individual, na sequência que os usuários desejarem.

Com essa estrutura, o conteúdo é produzido uma única vez; e como é polimorfo, é reutilizado tantas vezes quantas forem necessárias, ou seja, um mesmo elemento pode ser utilizado para a solução de diversos problemas. Assim, uma característica pode ter vários e diferentes conteúdos e um conteúdo pode ser representado por diversas formas (meios). Em adição, as visões usuárias ampliam de forma significativa a flexibilidade dos objetos projetados, um dos objetivos principais para o seu desenvolvimento. Além disso, há a redução de custos, por conta da possibilidade de reutilização. Quanto à qualidade, a presença de conteúdos diversos sobre um mesmo assunto, enxergado por diferentes especialistas, torna-se evidente.

diálogo

É na criação da estrutura básica que reside a complexidade; é no armazenamento como metadados de identificação que reside a facilidade de recuperação; e é na criação de visões usuárias que reside a flexibilidade. Confira, no exemplo a seguir, o seu nível de compreensão dessa tecnologia.

> **exemplo**
>
> Imagine um objeto denominado *equações do segundo grau*. Ele tem texto, áudio, vídeo, exemplos e avaliação, podendo ser usado em um curso de Matemática, para ensinar o assunto. Ele pode também ser usado em um curso de Química, para resolver um cálculo estequiométrico. Pode também ser utilizado em Física, para a solução de problemas relativos ao movimento retilíneo e uniformemente variado. É o mesmo objeto, com várias visões usuárias possíveis, que pode ser utilizado e reutilizado para diferentes propósitos.

O exemplo citado deve possibilitar o entendimento de dois dos fundamentos dos OA: o polimorfismo e a reutilização. Com outros exemplos simples como este, esperamos que você adquira uma compreensão completa sobre o que é possível fazer com um OA. É importante que você os utilize para ressignificar as formas tradicionais de aprendizagem e possa adquirir novas formas de criação de conhecimento.

A tendência é o crescimento dessas grandes bases de dados, a partir do momento em que as empresas começarem a investir mais diretamente na criação desses recursos para as suas universidades corporativas, oferecendo para tal maior aporte financeiro.

Blogs

Capítulo 05

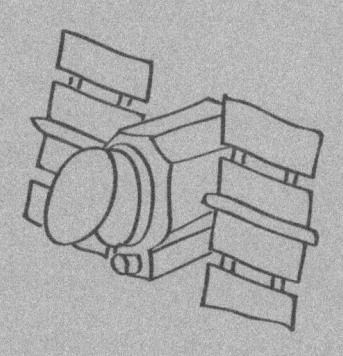

Projeto dos Objetos de Aprendizagem (OA)

O que, algum tempo atrás, era parte integrante da responsabilidade de *designers*, passa hoje para as mãos do docente, que é quem detém o conhecimento sobre a parte mais importante do OA: seu conteúdo didático e pedagógico. A ele acaba sendo delegada a roteirização e o uso de ferramentas antes utilizadas por técnicos informáticos. Nos dias atuais, é importante sua presença em equipes multidisciplinares, nas quais ele não está sozinho e pode influenciar a ênfase dos conteúdos em relação à preferência muitas vezes dada ao aspecto lúdico e tecnológico.

5.1 Bases para o projeto

Você, leitor, já teve oportunidade de verificar que os OA são formados por duas estruturas. O projeto didático e pedagógico é inicialmente determinado pela definição de sua base estrutural. Compreendendo a tecnologia conforme foi mostrada na Figura 1, no capítulo anterior, o projeto de um OA utiliza duas ferramentas complementares:

- Um mapa conceitual, ou alguma outra ferramenta semelhante, que permita a quebra de uma ideia complexa (como uma disciplina, um curso, um eixo temático) em conceitos simples, de forma sucessiva, até atingir um grau de granularidade que os torne independentes do conhecimento, como pequenos "pedaços de conhecimento" (Wiley, 2000). Estes são apresentados ao aluno em uma determinada sequência, que torna possível a aquisição do conhecimento em uma progressão, do mais simples ao mais complexo.
- Um formulário para desenvolvimento, denominado *storyboard*, para o qual existem diversas ferramentas disponíveis ou que podem ser desenvolvidas de forma manual. É um elemento que descreve as características (arquivos) que compõem o OA

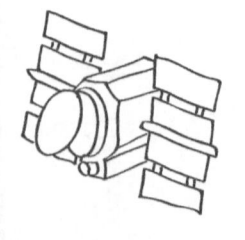

e a sequência de apresentação. O *storyboard* serve para a comunicação entre os diversos participantes da equipe, daí decorre sua importância. O uso de um *storyboard* indica a criação de um roteiro de aula, ou a própria aula em si. Pode ser parte integrante de um plano de curso, de uma disciplina de um curso ou de algum programa específico. Esse formulário é entregue aos responsáveis pela captação de recursos audiovisuais (como animações, fotos, filmes, simulações, música), textuais e outros elementos necessários. O docente produtor acompanha a evolução e o processo de avaliação do resultado final. Quando se refere a uma aula, ele é denominado *roteiro de aula* e relaciona os recursos que o docente vai utilizar, independentemente da metodologia adotada. Nessa fase, o principal problema não pertence ao domínio tecnológico; é pedagógico por excelência. Consiste em determinar o que pode ser escolhido como elemento atômico do conhecimento e que pode ser reutilizado em contextos diferenciados.

Em uma primeira etapa, os OA são trabalhados, com alta granularidade, como elementos simples, pequenos e que representam uma ideia – o que lhes dá uma grande capacidade de reutilização. Em uma segunda etapa, esse pequenos objetos podem ser reunidos em uma sequência, determinada para formar uma aula, uma disciplina ou um curso completo.

A estratégia é a divisão de ideias complexas em ideias mais simples. Parte-se de um conhecimento unificado em uma determinada área de saber. Ele é, então, com o uso dos mapas conceituais, convertido em "pequenos pedaços de conhecimento" (Wiley, 2000) ou pequenas unidades de conhecimento. Nesse momento, de acordo com a padronização adotada (LOM ou outra qualquer, que seja mais simples e particular), o formulário de captação de metadados é preenchido e é indicado o uso instrucional que será feito desse objeto.

Em alguns casos, os sistemas exigem o grau de ensino (fundamental, médio etc.) no qual o OA se propõe a atuar dentro do sistema educacional, para evitar que usuários utilizem conceitos insuficientes ou que superem o nível cognitivo de algum nível educacional específico. Assim, evita-se que o conteúdo de um determinado objeto supere o conhecimento ou a capacidade que o usuário tem de adquiri-lo na ocasião de sua utilização. É nesse momento também que se define para quem o OA é destinado (público-alvo).

exemplo Imagine uma página da *web*, desenvolvida segundo um padrão de usabilidade aceitável e de bom nível, que ensine a efetuar citações em um trabalho científico. Esse conhecimento é utilizado em diversas localidades distintas. Ele se apresenta como uma unidade atômica de uma única ideia. Observe, na Figura 2, a parte de um mapa conceitual completo. Ele é parte de outra unidade (de nível superior), que diz respeito à formatação do trabalho científico, que faz parte de outra unidade e, assim, sucessivamente, em sequência hierárquica.

Figura 2 Mapa conceitual: metodologia, formatação, citação

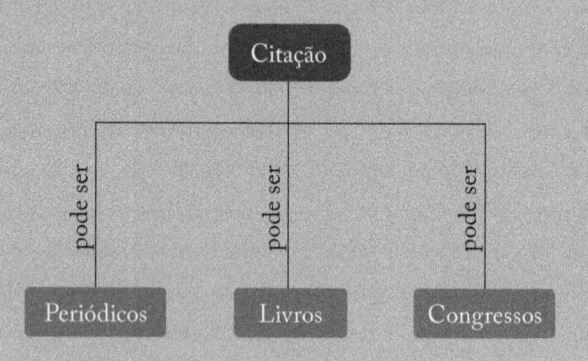

```
                    Citação
          ┌───────────┼───────────┐
       pode ser    pode ser    pode ser
          │           │           │
      Periódicos    Livros    Congressos
```

Esse fragmento indica que, com início em alguma linha temporal, a divisão chegou ao ponto que ensina como fazer citação direta. Ali há um conhecimento a ser apresentado e que pode ser acessado na disciplina *Metodologia de pesquisa*, ou em qualquer outro local, no momento que for necessário (*just in time*). O mapa conceitual é composto de diversos níveis e montado com base no conhecimento especialista, seguindo as regras que compõem o método científico. O *storyboard* representa esses níveis. A citação de periódicos e congressos leva a outros OAs. Ao usar uma figura, um áudio ou um texto dividido em partes, o objeto pode ser acessado por meio de um SGCA ou diretamente por algum interessado.

Na Figura 2, podemos observar que todas as formas de citação representam, cada uma, um OA específico. A atividade de padronização pertence a outro processo e é estabelecida quando o objeto é cadastrado no ROA. A escolha sobre o que será definido como OA depende do ponto de partida e de onde se pretende chegar. Quanto mais genérico for o estudo e a abrangência dele, mais os objetos poderão ser reutilizados e mais elevado será o grau de polimorfismo.

O que pode ser classificado como OA depende de um estudo detalhado e cuidadoso. Para essa determinação, podemos seguir uma lista de questionamentos. Quanto mais respostas positivas forem obtidas, maior a possibilidade de o elemento submetido à análise vir a se tornar um OA:

- Verificar se a ideia é reutilizável em uma grande variedade de contextos e em diferentes áreas do conhecimento (o que geralmente está associado ao conceito de granularidade, ou seja, ao tamanho).
- Verificar se a ideia permite exposição por meios diversos, para aproveitar as vantagens da linguagem utilizada (texto, vídeo, áudio, entre outros).
- Verificar se essas formas são intercambiáveis e se dependem de características particulares dos diversos contextos.
- Verificar a estabilidade do conhecimento em relação ao custo e ao benefício. Levar em conta a previsão do tempo de utilização. Em alguns casos, há elevado custo de desenvolvimento e manutenção de informações que ficam disponíveis e acessíveis de forma simultânea. Isso deve ser equilibrado junto com o custo de transmissão e recuperação.
- Verificar a capacidade de estar em uma cadeia, ordenada de forma lógica e concatenada, em que a reconstrução da ideia original evolua do mais simples ao mais complexo.
- Verificar a possibilidade de interação entre o conteúdo e o usuário que busca a construção individual do conhecimento contido no objeto (evitar OA textuais na forma de conhecimento acabado). Lembrar-se da relação entre a interatividade e o papel ativo do aluno.
- Verificar se o conteúdo do objeto pode ser apropriado, utilizado e inserido em outros objetos ou em trabalhos dos usuários. A aprendizagem, nesse caso, torna-se significativa para o aluno. Esse tipo de objeto pode ser relacionado a diversos contextos diferenciados.
- Verificar a sua utilização de forma isolada, sem dependência a conhecimentos anteriores ou posteriores no mesmo nível educacional.

Quanto maior o número de respostas positivas a esses questionamentos, maiores serão as possibilidades de o elemento em análise se tornar um OA dentro de um contexto, genérico ou particular, de algum curso ou disciplina. Não são observadas restrições com relação ao nível do sistema educacional ao qual são aplicados (educação fundamental, média e acadêmica) nem quanto à área de conhecimento (ciências exatas, sociais etc.) no desenvolvimento e uso dos OA. Essas identificações estão nos metadados. A única recomendação é para que eles não sejam colocados no ROA de forma isolada, devendo estar sempre relacionados com alguma atividade, ideia ou disciplina – como recomenda Nunes (2004), um dos especialistas que tem desenvolvido trabalhos nessa área.

Segundo Shing (2001), citado por Munhoz (2007), um OA deve apresentar informações adicionais, que serão descritas na fase de escolha dos metadados que irão identificá-lo. Confira:

- **Objetivos** – Deve ficar manifesto de forma clara o que o usuário vai aprender ao desenvolver o objeto.
- **Informações** – Relacionar, nas informações disponíveis sobre o objeto, todo o material didático que o usuário vai utilizar para atingir os objetivos sugeridos, com grau de liberdade suficiente para poder buscar, por si mesmo, dados complementares.
- **Prática** – Com base na própria ideia do uso dos mapas conceituais, proposta por Novak (2000), e da Teoria Subjacente da Aprendizagem Significativa, de Ausubel, Novak e Hanesian (1980), o trabalho com os OA pressupõe o aprender fazendo. Essa abordagem permite que, de tempos em tempos, os usuários possam avaliar por si próprios o grau de aprendizagem (processo de autoavaliação formativa).
- **Retorno** – Durante a etapa de autoavaliação, o sistema deve prever, preferencialmente de forma automática, o retorno do orientador ao aluno, sempre de forma positiva.

A busca dos OA depende da indexação utilizada, sendo os metadados a maneira mais comum nos dias atuais, das nove linhas pospostas pelo consórcio LOM.

diálogo

A parte mais importante no projeto de um OA provém do maior detalhamento possível dos procedimentos didáticos e pedagógicos durante o desenvolvimento do projeto instrucional.

O projeto parte, então, de um processo *top down*, que, por sua vez, parte do conteúdo mais complexo e o divide em conceitos mais simples. Isso facilita um processo *bottom up*, que proporciona ao aluno aprender do mais simples ao mais complexo e o incentiva a seguir o processo de construção do conhecimento, em vez de, simplesmente, tomar contato com conhecimentos já acabados. O aluno tem acesso a um processo de aprendizagem mais participativo e, por isso, tende a apresentar maior motivação, devido a uma maior significância da aprendizagem.

5.2 Procura e recuperação dos OA

Uma das principais razões para o elevado volume de estudos e experiências de padronização diz respeito à busca de uma forma genérica para a recuperação e o relacionamento entre OA. Em nosso país, essa procura e essa localização não apresentam um resultado muito abundante devido ao baixo número de ROA. Com relação a isso, dois projetos se destacam: a Rede Interativa Virtual de Educação (Rived)[1] e o Labvirt[2], parte do Projeto Escola do Futuro, da Universidade de São Paulo (USP).

A atividade de pesquisa pode se tornar extensa, na medida em que novos OA são inseridos.

No segundo destaque – o projeto Labvirt –, há outras atividades isoladas que, como alertamos, estão configuradas como grupos de estudos de universidades federais e estaduais, com recursos do governo, interessado em criar novos ROA. A pesquisa, nesse projeto, traz como resultado experiências que permitem avaliar para onde caminha a tecnologia de OA.

No Canadá – um dos países que mais tem investido na área dos OA –, um dos repositórios mais conhecidos é o projeto Edusource[3]. Ele apresenta um consórcio de universidades, que desenvolvem trabalhos e avaliações de forma simultânea.

---

1   Acesse: <http://rived.mec.gov.br>.

2   Acesse: <http://www.labvirt.futuro.usp.br>.

3   Acesse: <http://edusource.netera.ca/english/home_eng.html>.

Na Europa, é destaque o projeto *Learning Networks*. Ele representa, da mesma forma, o resultado de atividades colaborativas, voltadas para a criação de ROA.

saiba +

Utilize seu mecanismo de busca preferido (Yahoo, Google, entre outros) e acesse os projetos *Curriculum On-line Project*; *Australian Learning Federation*; Heal; Lomina; Friensen; Schoolnet. Se você estender sua pesquisa com as palavras "*learning objects repository*", vai encontrar diferentes referências para aumentar os seus conhecimentos na área. Compare os resultados com os outros projetos já citados e monte, para guardar como referencial e aumentar os seus conhecimentos, um portfólio com comentários e apontamento para recursos de estudo.

A tendência é que esses ROA cresçam quando as empresas começarem a investir mais diretamente na criação desses recursos para as suas universidades corporativas, oferecendo maior aporte financeiro para criar e disponibilizar um grande volume de conhecimentos para a comunidade corporativa e acadêmica.

Para os usuários, é importante saber que podem recuperar grande quantidade de OA e selecionar o que mais lhes interessa (possibilidade que é viabilizada por interfaces amigáveis e de elevada usabilidade). Assim, eles poderão ser capacitados, de forma prática, para o desenvolvimento e a utilização de um novo aparato tecnológico que, sem sua colaboração e atuação, tende a permanecer no estágio de inércia atual.

5.3 Reutilização dos OA

Na definição de suas características, uma das inquirições mais comuns nos cursos de nivelamento diz respeito ao conceito de reutilização dos OA, que está muito ligado aos conceitos de coesão, acoplamento e granularidade. Além disso, também está ligado às questões de direitos autorais, já que podem ser autorados por diversos especialistas, sendo cada visão usuária utilizada e produzida com base em diversos arquivos.

Os OA tendem a ser coesos, acopláveis e a apresentar baixa granularidade, pois são pequenos pedaços de informação (conhecimento) que apresentam ideias e conceitos simples. Assim sendo, podem ser utilizados e reutilizados em contextos e situações diversas.

> **diálogo**
> Lembre-se dos exemplos apresentados: o OA de equações de segundo grau e o de citação direta. Eles podem ser utilizados em inúmeras áreas de conhecimento, em diferentes disciplinas.

A reutilização tem dois aspectos importantes. O primeiro deles é o financeiro. O conhecimento armazenado – acessível à comunidade, representante da colaboração de múltiplos especialistas, alterável para adaptação a contextos particulares ou a formas individuais de aprendizagem –, quando é desenvolvido apenas uma vez, pode, por conta da reutilização, baixar os custos do processo como um todo.

Hoje em dia, na rede mundial, observa-se um mesmo conhecimento disseminado de diferentes formas, por diferentes autores, às vezes de forma conflitante. O uso dos OA pode reduzir essa redundância e essa falta de confiabilidade na internet como fonte de informação. Os ROA podem se tornar fontes mais confiáveis ao congregar "visões" usuárias, com conteúdos diversos sobre um mesmo acontecimento.

O segundo aspecto diz respeito à produção e à validação dos conteúdos, que são realizadas por muitas pessoas, em contextos diversificados. Isso tende a proporcionar uma maior confiabilidade à informação obtida, principalmente em algumas áreas do conhecimento, como a saúde, na qual informações inverídicas ou desencontradas podem produzir graves problemas.

Como o desenvolvimento dos OA está apoiado nos fundamentos da orientação a objetos, suas características podem ser copiadas, alteradas e rearmazenadas para a criação de novas instâncias (visões usuárias), que passam a ser consideradas como uma classe. O conceito de classe considera que o aproveitamento desses recursos será total quando a ubiquidade for uma de suas principais características, ou seja, quando estiver disponível, ao mesmo tempo, em todos os lugares (na rede), de forma intercomunicada, encapsulando toda a tecnologia utilizada para a criação, o armazenamento e a recuperação dos OA.

É interessante a ampliação, feita por Peñalvo e Guzmán (2006), do conceito de interoperabilidade (portabilidade). Os autores consideram a existência de uma nova semântica para a *web*, com a qual se pretende formar uma infraestrutura comum e de cooperação, o que permitirá compartilhar e reutilizar dados por meio de aplicações, empresas e comunidades.

> **diálogo**
>
> Uma das principais áreas de pesquisa diz respeito à *web* semântica. É uma área de extensa complexidade, o que recomenda – ante os benefícios que apresenta – que você desenvolva uma pesquisa para obter materiais que lhe dê uma base sobre o assunto. Utilize como argumento de pesquisa, em seu mecanismo de busca, a palavra-chave "*web semantics*". Você vai obter diversos resultados. Sugere-se a pesquisa em língua inglesa pelo fato de haver poucas referências em português. Ainda assim, efetue a busca também por "*web semântica*"; os resultados serão em menor quantidade, mas é possível uma comparação.

A *web* semântica objetiva um significado comum na linguagem utilizada na comunicação entre usuários e elementos da rede. Quando essa meta for atingida, a comunicação entre equipamentos, sistemas e o próprio relacionamento homem-máquina deverá sofrer mudanças significativas. Assim, a conversação entre as pessoas e as máquinas será simplificada.

5.4 Granularidade

Os OA são também ditos *unidades atômicas* ou *pequenos pedaços de informação* (conhecimento). Esses termos são recorrentes na literatura e foram também adotados neste livro. O conceito de granularidade tem relação estreita com essa ideia (assim como também se relaciona com os conceitos de reutilização, coesão e acoplamento, sobre os quais já discutimos). Diz-se que um OA tem baixa granularidade quando expressa mais de uma ideia, ou seja, quando é composto, quando deixa de ser unidade. Essa característica deve ser evitada, pois torna mais difícil a reutilização – o que vai contra a proposta básica dos OA.

Ao atingir a proposição de unidade atômica, os OA são considerados de alta granularidade e, consequentemente, têm maior coesão e maior capacidade de reutilização. A divisão dos conteúdos, com o uso dos mapas conceituais (ou de outra ferramenta qualquer), permite atingir alta granularidade. Segundo Novak (2000), os mapas são utilizados para estimular a geração de ideias. O autor converge com o posicionamento de outros pesquisadores, que consideram a unidade atômica uma potente auxiliar no processo de desenvolvimento da criatividade.

Um conceito complexo, que compreende uma composição de várias ideias, pode ser desmembrado até atingir as chamadas *unidades atômicas de informação* (conhecimento). Com base nisso, pode ser construído o *storyboard*, que orienta os projetistas instrucionais na definição dos OA e os técnicos informáticos no desenvolvimento dos arquivos que representam as características. Novak (2000) considera que uma das espectativas em relação ao uso dos mapas conceituais é a criação de novos conhecimentos, que devem ser utilizados e transformados em recursos educacionais e disseminados para a comunidade acadêmica. Outro resultado importante do uso dessa ferramenta é a possibilidade de moldagem de conhecimento de forma colaborativa, que transfere o conhecimento especialista (entre os participantes do grupo multidisciplinar) e desenvolve os produtos educacionais.

O uso dos mapas conceituais nos PI parte da ideia da aprendizagem desenvolvida pela efetivação da teoria na prática – o aprender fazendo (*learning by doing*), que, de acordo com Ausubel, Novak e Hanesian (1980), torna a aprendizagem significativa. Para isso, cria-se um contexto que é seguido, incluindo informações definidas em tempo de PI. Esses dados partem do conhecimento de um especialista e representam atividades do dia a dia da área do conhecimento na qual o objeto se circunscreve. Disso decorre a significância do conhecimento adquirido.

Devido à significância da aprendizagem adquirida e da possibilidade da comunicação de ideias e argumentos em divisões menores, particularizadas no interior da estrutura do conhecimento proposto, o detalhamento apresentado pelos mapas conceituais pode ser considerado uma possibilidade de aumentar a compreensão sobre os conteúdos. A ideia de aprender do mais simples ao mais complexo sempre foi atraente, e os OA podem oferecer essa alternativa. A metacognição (aprender a aprender e pensar sobre o conhecimento) corresponde a uma das vantagens didáticas e pedagógicas do uso dos mapas conceituais nas fases de identificação de possíveis candidatos a OA e da elaboração dos projetos.

Rischbieter (2007) considera o conceito da metacognição como uma das últimas novidades do jargão da pedagogia, algo muito útil e que pode trazer, com o uso de outras abordagens (aprendizagem baseada em problemas, por exemplo), grande auxílio a alunos com dificuldades em aprender algum tópico específico. "Nos próximos anos, esse conceito deverá tornar-se cada vez mais importante para aqueles que se preocupam em desenvolver estratégias não apenas para que seus alunos aprendam, mas também aprendam a aprender" (Rischbieter, 2007).

diálogo

O uso de ideias pedagógicas diferenciadas, não pertencentes a nenhuma teoria de aprendizagem, constrói, nos ambientes enriquecidos com a tecnologia, um mosaico com iniciativas pontuais, que acabam por apresentar alta funcionalidade. Isso indica, apesar dos referenciais de suporte teórico, apoiados em diversas linhas, que nesses ambientes não há a definição ou a orientação de uma teoria de aprendizagem específica. A pedagogia diferenciada, a abordagem da solução de problemas, o trabalho em grupo e outras ideias pedagógicas convivem de forma sinérgica nesse ambiente.

Como você observou, o projeto dos OA leva o usuário leigo para mais perto da tecnologia, havendo, porém, uma preocupação maior que sua complexidade seja disfarçada com o uso de interfaces amigáveis ao usuário (*Graphical User Interface* – GUI). Ainda assim, muitas coisas – antes redutos de especialistas – começam a se tornar mais próximas do usuário final, o que exige uma maior aplicação no estudo da tecnologia como facilitadora dos trabalhos desenvolvidos nos ambientes educacionais atuais e do futuro.

Capítulo 06

Manuseio dos Objetos de Aprendizagem (OA)

Muitos dos usuários dos ROA – acredita-se, a sua maioria – não vão desenvolver projetos de desenvolvimento de OA, mas simplesmente utilizá-los. Para que essa utilização seja desenvolvida de forma extensiva, como espera a indústria que os criou, é importante dar destaque a alguns aspectos específicos para facilitar seu acesso e manuseio.

6.1 Acesso aos OA

Na medida em que os conhecimentos sobre o que são os OA vão sendo incorporados e compreendidos, os questionamentos dos usuários vão se transformando em vontade de utilização. A pergunta que se impõe, então, é: Como acessar os OA?

A possível disseminação de materiais em multimeios e a exigência de equipamentos trazem um complemento a esse questionamento: Como usuários sem acesso a computadores potentes e ligações de banda larga com a internet vão acessar os OA?

O que constatamos atualmente é que existe grande possibilidade de colaboração por parte da capacidade tecnológica com a educação. Porém, há limitações consideráveis à sua utilização.

Para que o governo atinja os objetivos de dotar todas as escolas de ensino fundamental e médio com ferramentas tecnológicas, são propostos alguns projetos, como a ressurreição da Telecomunicações Brasileiras S.A. (Telebras) e a oferta de banda larga a um custo mínimo que, junto com o programa Um Computador por Aluno (UCA), permite antever, de forma mais clara e esperançosa, o processo de inclusão digital. Nesse momento, é importante destacar que os alunos que estudam nos ambientes enriquecidos com a tecnologia normalmente têm acesso ao ferramental tecnológico, já que uma parte – ou a totalidade do trabalho – é desenvolvida no ambiente virtual.

6.2 Adaptação dos OA

O acesso à internet pode ser providenciado via recursos próprios, recursos da instituição de ensino ou das empresas em que os usuários trabalham. Apesar de o processo de exclusão digital atingir um grande contingente de pessoas, no segmento educacional as medidas e iniciativas de responsabilidade e autoridade social (responsabilidade delegada e autoridade conquistada) afastam, cada vez mais, essa exclusão do segmento educacional.

Os OA não são utilizados somente no mercado, que vende ou oferece sem custo um Sistema de Ensino (SE). Eles podem fazer parte de seu repositório de dados ou ser obtidos por meio de outros repositórios, para, então, serem utilizados como enriquecimento tecnológico para os ambientes educacionais.

Quando há acesso à tecnologia, os OA costumam ser proporcionados por atividades de pesquisa desenvolvidas na internet. Quando orientados como componentes de alguma disciplina, curso ou processo particular, o acesso costuma ser integrado aos SGCA, normalmente por meio das rotas de aprendizagem. Não que o uso desses sistemas seja obrigatório, porém, com o uso de qualquer sistema de pesquisa e com a padronização de acesso aos OA, as rotas podem ser criadas por diferentes maneiras.

O Global Learning Consortium Inc (IMS)[1] desenvolve serviços intensivos para padronização, armazenamento e distribuição de OA desenvolvidos pelo conceito de interoperabilidade. Na maior parte das iniciativas, repara-se que os OA são agrupados, para efeito de pesquisa, por área do conhecimento (história, geografia, matemática etc.) e na forma de portal. Isso pode tanto ajudar como tornar a busca por um objeto específico demasiadamente complexa.

Nielsen (2003), um dos autores que desenvolveu o conceito de usabilidade, afirma que é muito difícil ir diretamente até um objeto quando se utiliza um mecanismo de busca. Para isso, o SEO ainda precisa ser muito aperfeiçoado. Porém, como considera Orril (2011), sempre existe uma "porta da frente" que direciona o usuário para uma biblioteca de objetos (que também pode ser chamada

---

1   Acesse: <http://www.imsglobal.org>.

de *ROA*). Não há sentido em tentar impor sequências de busca, pois elas tendem a limitar o acesso aos OA – nunca se pode saber, *a priori*, sob quais formas os usuários vão chegar até os objetos desejados. Os vortais (portais voltados para uma audiência específica) e as pesquisas verticais compõem os estudos mais recentes voltados para a recuperação facilitada de OA (Enge, 2007).

Nos repositórios públicos (livres), o usuário tem acesso completo a toda biblioteca. Há os que são parcialmente livres e outros que somente podem ser acessados via subscrição – que muitas vezes não gera custos, mas depende da participação do usuário como consorciado na criação de novos objetos ou na melhoria dos objetos existentes. Os repositórios livres (como os que foram citados no capítulo anterior) representam uma área que (no exterior, nas iniciativas inovadoras) costuma receber investimentos elevados (muitos deles são bancados por iniciativas governamentais). Eles representam um retorno inegável em termos de benefícios sociais ao aumentar as fontes de pesquisas mais acreditadas para obtenção de materiais de estudo.

Ao acessar um desses repositórios, é normal encontrar um glossário com explicação de termos complexos e uma área de *Frequently Asked Questions* (FAQ)[2], para esclarecer as dúvidas que são conhecidamente mais habituais. Com o auxílio de ajudas (*help*) sensitivas ao contexto, é mais provável conseguir acesso a todos os objetos cadastrados.

De acordo com o sistema de padronização adotado (LOM ou qualquer outro), a qualidade do objeto varia na razão direta do volume e da qualidade dos metadados (dados descritivos do OA). São esses metadados que possibilitam prever pesquisas em nível simplificado, parametrizadas (para usuários iniciantes) e também mais complexas (para usuários mais experientes). Como não se pode saber com certeza quem vai usar o repositório, vários níveis de interação são estabelecidos (todos sujeitos a parâmetros de usabilidade). Os ROA são examinados

---

2 Em um local da internet que oferece serviços aos usuários e incentive sua interação, é comum haver uma área denominada *Frequently Asked Questions* (FAQ) – em tradução literal do inglês: "perguntas mais frequentemente efetuadas" –, cujo objetivo é auxiliar a navegação por seu conteúdo, respondendo dúvidas dos usuários. É uma área de ajuda.

por potentes linguagens de pesquisa (SQL) que buscam *tags e metatags*[3], que retornam os elementos desejados.

> **diálogo**
>
> Ainda não há um comportamento específico e claramente definido sobre como as consulta aos OA acontecem. Assim, utiliza-se a mesma forma de consulta dos grandes portais (Yahoo, Google etc.). Com o estabelecimento dos vortais, torcemos pela criação e pelo desenvolvimento de mecanismos e formas de buscas exclusivas dos OA – o que seria uma das formas de expandir sua utilização.

Antecedendo o aprofundamento dos estudos de criação de estruturas de OA, a primeira preocupação foi organizar as *tags* e as *metatags*, que foram denominadas *metadados*. O consórcio que conseguiu maior abrangência nos resultados foi o *Learning Objects Metadata* (LOM). Hoje em dia, com esse projeto encerrado, surgem padronizações mais simplificadas, mas que não atingem, de forma tão completa, possibilidades de localização.

Nota-se, portanto, uma separação entre os metadados e os repositórios. Eles podem, dependendo da estrutura utilizada, ser ou não o mesmo arquivo físico. Ou seja, os arquivos podem ser logicamente distintos e, ainda assim, ser colocados, de forma física, como um único arquivo, no qual os metadados estão presentes na forma de registros mestres que englobam, sob uma determinada designação, diversos OA. Sendo ou não o mesmo arquivo físico, em ambos os casos são considerados uma "visão usuária".

O estudo que estamos apresentando é complexo e está sendo mostrado com pretensões meramente informativas, para que os usuários compreendam a importância e a complexidade das atividades de recuperação. Podemos observar que, com os esclarecimentos dessas dúvidas, as inseguranças dos usuários caem por terra: os docentes perdem o medo de serem substituídos pela máquina e os alunos passam a ter um maior interesse nos estudos, passando a utilizar mais a mediação tecnológica.

---

3   As *tags* e as *metatags* são pontos de desvio situados ao longo de uma página. As *metatags* podem desviar para explicações. Elas podem ser apresentadas como janelas sobrepostas, para evitar a quebra do texto e explicar para que serve o ponto de desvio.

As sequências de estudo, a contextualização, a alteração de condições não previstas, tudo isso faz parte das tarefas que precisam ser desenvolvidas por todos os níveis de usuários. O docente exerce papel de orientador; o aluno, de orientado (é parcialmente responsável por sua aprendizagem, devendo desenvolvê-la de maneira independente); e os dois são colocados sob um processo de conversação pedagogicamente orientada (Peters, 2001).

Em um nível inicial às atividades básicas (como o glossário e a ajuda sensível ao contexto), os elementos podem ser localizados por meio de palavras-chaves e suas combinações podem ser feitas via conectores lógicos, que tornam a localização dos conhecimentos disponibilizados aos usuários mais complexa e, ao mesmo tempo, mais profunda.

É possível criar relacionamentos entre os objetos que estão armazenados nos ROA e os caminhos (rotas) possíveis dentro dos SGCA. Tentativas de desenvolvimento dessas pesquisas podem ser observadas com o uso de mapas conceituais (Novak, 2000). Estes, por sua flexibilidade, podem proporcionar uma visão mais esclarecedora sobre como diferentes objetos podem ser interligados para reconstruir uma ideia original ou para – partindo de combinações não previstas – chegar até outras ideias (que são complexas, montadas de forma interdisciplinar e obtidas por meio de conceitos mais simples). Com isso, derruba-se a compartimentalização do conhecimento, proposta pelos currículos seriados.

Como resultado das pesquisas, os relacionamentos *top down* (da desconstrução) e *bottom up* (da reconstrução) podem construir novos conhecimentos, que recaem na taxonomia proposta por Wiley (2000) e ainda geram discussão na comunidade acadêmica.

6.3 Manutenção dos OA

Após a criação da estrutura que comportará os OA, fica aberta a possibilidade de fazer sua manutenção. Essa atividade é sujeita a uma série de níveis de autorizações e envolve a alteração, o acesso, a adaptação, a inclusão e a exclusão de características. Para que se possa explicar esse processo, é necessário imaginar uma estrutura específica, ou seja, definir como os objetos são criados a partir de mapas conceituais. Assim, neste livro, propomos imaginar uma estrutura que suporte a manutenção de objetos que:

- tenham um número variável de propriedades dinamicamente alteráveis (escalabilidade) e que representem um tipo de arquivo (mídia) que deve estar armazenado em um diretório ou provedor;
- tenham propriedades que possam ser alteradas mediante a troca de arquivos e que possam sofrer exclusão física ou lógica, para manter alguma outra propriedade oculta em determinada etapa do processo;
- sejam mantidos no repositório até que os autores originais solicitem a sua retirada. Caso essa exclusão realmente aconteça, as derivações desse objeto devem permanecer ativas e seus autores devem ser comunicados do prazo para que a sua retirada – ou recolocação como um novo objeto – seja feita;
- tenham históricos de todas as alterações efetuadas.

A adaptação de um OA pode ser limitada, em alguns casos, pela customização da interface ou por algumas características de apresentação dos conteúdos. Em casos de maior flexibilidade, o objeto pode ser parcialmente recriado ao mudar uma de suas características (propriedades) ou diversas delas, pois apontam para endereços nos quais estão localizados os arquivos escolhidos como componentes do OA.

O exemplo que será apresentado a seguir não se aplica à estrutura de metadados, pois definir quais metadados serão registrados é uma atividade pertencente a outro nível de estudos. Os objetos que trabalharemos possuem seis propriedades principais:

1. Um texto digital para estudo.
2. Um áudio dialogado.
3. Um vídeo roteirizado e dialogado.
4. Uma figura ilustrativa.
5. Uma animação ilustrativa.
6. Uma autoavaliação.

É importante que você compreenda que um objeto é um determinado conteúdo apresentado em cinco meios diferentes e que propõe uma avaliação desenvolvida diretamente pelo aluno, no ambiente virtual. Essa visão é sugerida como forma de aumentar a interação do aluno e de possibilitar que ele mesmo possa verificar seu aproveitamento, logo após trabalhar um conhecimento.

O arquivo de textos tem a formatação gráfica que representa a imagem institucional e está armazenado em um diretório. É importante compreender que, como texto digital, ele pode ter sua linearidade[4] quebrada, o que pode fazer com que essa formatação tenha um projeto diferenciado, agradável e que proponha interações com o usuário. Nesse mesmo local, pode estar a avaliação. Já os outros quatro elementos estão em um provedor de mídia que contém a imagem, a animação, o áudio e o vídeo.

Vamos imaginar que esse OA aborda o conhecimento necessário para a solução de equações de segundo grau (um dos exemplos que usamos anteriormente). Cada uma de suas características apresenta, na visão inicial que temos do objeto, apenas um arquivo associado.

Agora, vamos descrever duas situações: uma é sobre o acesso e a outra é sobre a criação da visão usuária que deriva desse objeto. Em ambos os casos, o acesso acontece pela seguinte sequência de metadados:

- Área do conhecimento: ciências exatas.
- Subárea do conhecimento: matemática.
- Refere-se a uma disciplina: *true*[5].
- Disciplina procurada: matemática.
- Eixo temático procurado: equações de segundo grau.
- Nível: médio.

Observação: note que esse exemplo é exclusivamente ilustrativo e didático. Os metadados não são, geralmente, tão simples como apresentamos.

Assim que o acesso é oferecido, os usuários são questionados quanto ao que desejam fazer. Se a opção for realizar o acesso, o sistema abre a tela de interface, que contém as seguintes características:

- Objeto: OAMAT 036.
- Nome: equações de segundo grau.

---

4   Neste contexto, considera-se a linearidade como uma leitura sequêncial, não randômica de conteúdo, como ocorre com os aquivos em fomato PDF.
5   Existem campos lógicos que têm apenas dois significados: verdadeiro (*true*) e falso (*false*). São usados quando somente essas situações são aplicáveis a uma pergunta.

- Texto: *link* 1.
- Figura: *link* 2.
- Áudio: *link* 3.
- Animação: *link* 4.
- Vídeo: *link* 5.
- Autoavaliação: *link* 6.

Observação: essa interface pode ser trabalhada com uma iconografia específica e com uma formatação rica dos conteúdos a serem apresentados.

Depois da solicitação de acesso, uma cópia do objeto é colocada em um servidor nuvem[6] para que o usuário possa desenvolver seus estudos. Esse objeto pode estar sendo chamado por meio da própria disciplina, Matemática, na qual o usuário está desenvolvendo atividades de aprendizagem independente, ou pelo usuário que, por meio de outras disciplinas (Química, Física etc.), necessita relembrar o assunto.

Caso o usuário esteja no interior de um SGCA, a rota criada pelo processo se encarrega de chamar o objeto. Uma vez que esteja na memória do SGCA, mediante a iconografia gerada, o usuário pode acessar cada uma das propriedades e estudar o conteúdo desejado. De acordo com as caracterísiticas do repositório, o objeto pode ou não ser copiado. Caso não possa – e caso o usuário queira reforçar seus estudos –, deverá acessar novamente o repositório.

Vamos agora imaginar uma segunda situação: um usuário docente está consultando os objetos disponíveis para montar uma rota e necessita, por exemplo, do mesmo objeto que foi utilizado no exemplo anterior. Ao acessar as características, o docente considera o texto inapropriado (em termos de linguagem) para aplicação do conteúdo na Região Norte do Brasil. Então, cria um novo texto e insere o arquivo, via *upload*, no provedor de textos digitais. Com o objeto na memória da área de trabalho, solicita a inclusão do texto novo à característica *texto* e substitui o arquivo anterior. Além disso, o docente considera que a característica *animação* não interessa a seu propósito e solicita sua exclusão lógica. E, para atender ao perfil do seu público-alvo, ele ainda decide inserir um arquivo que contém diversos exercícios já resolvidos.

---

6   O conceito computação em nuvem usa um servidor com serviços disponíveis aos usuários.

Todas essas mudanças são possíveis e dependem da presença da característica escalabilidade. Dessa forma, o objeto tem as imagens de antes no ROA, e de depois, na área de trabalho do computador.

Quadro 1 – Alteração de um OA

Antes	Depois
Carac. *texto* → Texto 1 (+ Texto 2)	Carac. *texto* → Texto 2
Carac. *imagem* → Imagem 1	Carac. *imagem* → Imagem 1
Carac. *animação* → Animação 1	Carac. *animação* → Nada S/E
Carac. *áudio* → Áudio 1	Carac. *áudio* → Áudio 1
Carac. *vídeo* → Vídeo 1	Carac. *vídeo* → Vídeo 1
Carac. *autoavaliação* → Avalia 1	Carac. *autoavaliação* → Avalia 1
Nova carac. → Exerc. 1	Carac. *exercícios* → Exerc.

O sistema questiona se as alterações de antes na imagem devem ser tornadas fixas. Caso a resposta seja afirmativa, a característica *exercícios* é inserida no objeto base e os novos arquivos são inseridos nos servidores.

O objeto novo (derivado) é armazenado com duas características excludentes. Se for registrado como temporário, será excluído após o tempo informado; se for permanente, será gravado um novo objeto no ROA, que passará a ter dois objetos, os quais tratam do assunto *equações do segundo grau*. Assim, o segundo herdará todas as características alteradas ou logicamente excluídas.

No exemplo dado, o objeto derivado herda todas as características do objeto original, anulando (*null*) a característica *animação*, mostrando um texto diferente na característica *texto* (*point to*) e inserindo uma nova característica no objeto de origem e no objeto derivado, resultante dessa alteração. Essas alterações serão registradas na área de metadados *histórico*. Ao ser apresentada a possibilidade dessa estruturação, os usuários podem compreender a flexibilidade dos OA e as potencialidades de sua utilização.

Um outro exemplo interessante diz respeito a um livro, criado por e para uma CAV, com número aberto de capítulos. Cada capítulo que é inserido é armazenado como um novo capítulo referente a uma ideia específica e pertencente a uma determinada área do conhecimento. A recuperação do objeto trará todos os capítulos que foram inseridos de forma colaborativa (*wiki*) ou oferecerá as diversas cópias possíveis que apenas os capítulos que interessam àquele propósito, particularmente, possuem. Constrói-se, assim, o livro coletivo, produzido por muitos autores, que poderia ser comprado[7] (diretamente na rede, obtendo uma cópia digital) pelo mesmo usuário em diferentes composições, ou por diversos usuários, com diferentes versões e ordenação de capítulos e com diferentes conteúdos.

Essa perspectiva agrada a muitos usuários e poderia, certamente, resolver as questões de produção de materiais didáticos em multimeios para ambientes enriquecidos com a tecnologia. O livro que exemplificamos seria multimídia[8] (se os *links* fossem gravados em algum meio) ou hipermídia (se for disponibilizado em servidores na internet).

Ao concluir o estudo das questões sobre tecnologia que são mais comumente apresentadas pelos usuários durante os cursos de nivelamento, destacamos as seguintes ideias, por necessitarem de comentários ou orientações particulares e serem interessantes para estudos complementares:

---

7   O livro que o usuário comprará poderá ser composto por diferentes partes de um mesmo objeto (livro) ou por partes de diversos objetos (livros). O livro é montado de acordo com o desejo do usuário e pode ter apenas um capítulo ou mesmo diversos capítulos, advindos de um mesmo livro ou de diversos livros. Quem irá montar esse objeto (livro) será o próprio usuário, escolhendo os conteúdos que o comporão de acordo com seus próprios interesses e sua necessidade.

8   Um livro multimídia está no formato digital e contém *links* que levam a servidores multimídia. Eles podem ser carregados em celulares do tipo PDA (*Personal Digital Assistant* – Assistente Pessoal Digital), como os iPads, ou quaisquer outros dispositivos que ofereçam os recursos de um computador. As mídias são transmitidas em modo *streaming*, não podendo ser copiadas sem autorização.

Estudos complementares

Classe

É uma propriedade da Programação Orientada a Objetos (POO). Trata-se de uma nova área tecnológica de análise e programação de sistemas. Os participantes de uma classe contêm métodos (processos) comuns que podem ser acionados por mensagens. Adotando esse conceito, um OA (em fase de utilização) pode ser considerado uma instância de uma classe. Assim, quando um OA não está sendo utilizado, não pode ser considerado instância de uma classe, pois esta só ganha "vida própria" quando é definida, criada e utilizada.

Orientação a objetos

Significa aproveitar uma série de aspectos (como herança, polimorfismo, portabilidade) criados para um determinado objeto, a fim de estabelecer uma rotina, um programa. Isso permite montar uma estrutura hierárquica, que economiza códigos e cria bibliotecas com funções predefinidas.

Pequenos pedaços de informação (conhecimento)

Quando os OA são chamados de *pequenos pedaços de informação* (conhecimento), queremos assinalar que representam um conceito simples que é derivado de uma ideia complexa (divisão sucessiva em conceitos mais simples).

Just in time

Significa que o OA estará disponível aos usuários no exato momento em que forem necessários.

On-demand

Significa que um objeto será cobrado somente quando for utilizado. Em outras situações, pode significar pagar apenas pela parte utilizada de um todo.

Estratégia instrucional
Indica a apropriação de planejamento e execução de movimentos e operações para atingir objetivos educacionais. O termo é usado para indicar o elevado cuidado que é tomado com a área em estudo.

Autocontidos (encapsulados)
Dizer que os OA são autocontidos (encapsulados) significa que eles possuem, dentro de si, todos os elementos necessários para apresentar os resultados esperados, ou seja, podem ser executados de forma isolada.

Elementos interativos
Serem interativos, por característica particular ou imposição da estratégia educacional, significa que os OA devem apresentar ao usuário propostas que o incentivem a desenvolver atividades e respostas para adquirir novas informações (conhecimentos).

Reutilização
Por meio da reutilização, propõe-se que um OA seja criado apenas uma vez, independentemente de quantas visões usuárias possam ser obtidas pela inserção, modificação ou exclusão lógica de suas características (arquivos), o que tende a diminuir o custo da produção, por diluí-lo em múltiplas utilizações.

Agrupamento
O agrupamento indica que, por exemplo, para desenvolver uma aula, podemos combinar diversos OA de um SGCA.

Associação
A associação indica que, para suprir necessidades, uma característica de um OA pode usar algum componente de um outro OA.

VLDB
Sigla que corresponde a *Very Large Data Bases* (em português, Grandes Bancos de Dados). É também conhecida como Armazéns de Dados e Repositórios de Objetos de Aprendizagem (ROA) – nomenclatura adotada neste livro. Eles apresentam rotinas especiais de recuperação de dados via linguagens de pesquisas específicas (SQL).

Browser

Significa "navegador". São elementos tecnológicos que apresentam elevado grau de amigabilidade e permitem ao usuário navegar pela internet. Como são programas proprietários[9], não dão a outros elementos externos o grau de portabilidade necessário e exigem um *plug-in* para que eles rodem no ambiente.

Plug-in

É um pequeno programa adaptador que dá portabilidade, a algum elemento externo, a um *browser* proprietário para que esses programas externos rodem em toda a sua potencialidade.

Geração, adaptabilidade e escalabilidade

O termo *geração* representa a criação do OA. A *adaptabilidade* permite adequar o OA a situações particulares que representam necessidades dos usuários e dá toda a flexibilidade necessária para o melhor aproveitamento das características particulares dos alunos. A *escalabilidade* diz respeito à capacidade que um OA tem de diminuir (apenas por exclusão lógica) ou aumentar (por inclusão física de novas características) de tamanho para acomodar novas necessidades, específicas de cada usuário.

Sistema

É um jargão usado na área da informática e que tem o mesmo significado que a palavra *conhecimento*, ou a expressão *grupo de conhecimentos*, expressa na área educacional. Esses dois nomes são considerados sinônimos.

---

9   Os programas proprietários são aqueles protegidos por direitos autorais e que não são colocados para domínio público. Seu uso está condicionado à reciprocidade financeira.

Capítulo 07

Questões pedagógicas

Conhecidas as formas de desenvolver e acessar os Objetos de Aprendizagem (OA), restam perguntas mais particularmente relacionadas à ação e à prática docente, diante da opção pelo uso dessas tecnologias. Elas dizem respeito especificamente aos docentes, aos desenvolvedores ou apenas aos usuários de objetos isolados ou de combinações que montam cursos completos.

As questões tecnológicas foram tornadas tão simples quanto possível e apresentadas imediatamente após a explicação dos OA. Para o docente, sobram ainda questões referentes a sua ação e prática profissional, às quais deve ser dado o devido destaque por ser ele (o docente) o principal motivador da criação e do uso do OA flexíveis.

Na parte de apresentação de ideias pedagógicas, os questionamentos envolvem muitos assuntos que facilitam a compreensão e o uso dos OA. Assim, serão tratados os seguintes temas:

- A tecnologia dos OA é necessária para a melhoria pedagógica?
- Como motivar os usuários para sua utilização?
- Onde existem objetos disponíveis e como acessá-los?
- Como podem ser desenvolvidos na instituição de origem dos usuários?
- Quais os reais benefícios pedagógicos no uso dos OA?
- Quais são os tipos dos OA?
- Qual o papel do usuário docente na utilização dos OA?
- Qual o papel do usuário discente na utilização dos OA?
- Qual a relação dos OA com os projetos instrucionais e qual a sua diferença com relação ao Projeto Político-Pedagógico (PPP)?
- Qual o relacionamento entre os OA e os mapas conceituais?
- O que é, para que serve e como utilizar um *storyboard*?
- Qual a vantagem do uso de roteiros na criação dos elementos componentes dos OA?
- Como é a relação entre os OA e as teorias pedagógicas?
- Qual a abordagem didática e pedagógica mais indicada?

Até este momento, mostramos questionamentos que relacionam os OA a ideias pedagógicas. Os próximos abordarão, especificamente, as ideias pedagógicas que representam os questionamentos mais feitos a respeito do que tratam, de forma conjunta, os OA e as ideias pedagógicas:

- Por que o uso da ciência da andragogia é recomendado?
- Por que o uso da aprendizagem baseada em problemas (pedagogia de projetos) é recomendado?
- Qual a vantagem do uso da pedagogia diferenciada?
- Por que o uso da aprendizagem colaborativa, desenvolvida em grupo, é recomendado?
- Por que uma abordagem sociointeracionista no tratamento dos conteúdos é recomendada?
- Por que as formas aprender a conhecer, aprender a fazer, aprender a viver com os outros e aprender a ser com o uso dos OA são recomendadas?

Como você pôde observar, esses últimos seis questionamentos representam ideias pedagógicas puras. Recomendar que essas ideias sejam aplicadas independe do uso dos OA. Elas dão a essa tecnologia – que, apesar de ser educacional, é de ponta e complexa – um viés didático-pedagógico.

7.1 Sobre a necessidade da tecnologia de OA

Para que o docente deve conhecer e usar a tecnologia de OA? Ela é necessária? Qual trabalho ela exige dos usuários, de acordo com sua situação no sistema? Há mudanças na ação e na prática dos usuários?

Sobre a necessidade de os usuários conhecerem essa tecnologia, a resposta mais correta a esses questionamentos é: primeiro, porque ela se apresenta como candidata (com forte apoio financeiro) a se tornar um padrão educacional para os próximos anos; segundo, porque sem a intervenção dos usuários no conhecimento dessa tecnologia ela pode não ter a evolução desejada. É necessário criar uma sinergia que aumente simultaneamente o conhecimento e o uso, o que afeta, de forma reflexiva, ambas as condições.

Os OA são a representação de um conhecimento especialista apresentado sob múltiplos meios. Essa tecnologia é resultado do trabalho de mapas conceituais sobre uma ideia complexa até que sejam formadas unidades atômicas, que têm significados independentes do contexto e que podem ser candidatas a novos OA.

Adiciona-se, também, aspectos como a velocidade da vida moderna, a falta de tempo das pessoas, o imperativo da formação permanente e continuada, que pode ser mais ágil se utilizar conceitos simples, que permitem aprender mais rapidamente, do mais simples ao mais complexo.

Os OA se apresentam como ferramentas, com as quais é possível:
- enriquecer os conteúdos, mediante o uso das tecnologias;
- diminuir o tempo de pesquisa e aumentar, de forma significativa, o volume de recursos permanentemente atualizados e que representam conhecimento especialista;
- representar o resultado da ação de equipes multidisciplinares, além de múltiplos provedores de conteúdos, provenientes de contextos e visões diferenciadas que podem enriquecer significativamente a qualidade do conteúdo;
- ampliar o volume de recursos didáticos disponíveis na rede mundial de comunicação.

Os aspectos relacionados se apresentam como tendência e consequência, quase que natural, do desenvolvimento tecnológico. Não interessa aos usuários ficar fora do contexto social, defasados em relação ao que ocorre em seu redor. Eles precisam conhecer, usar e produzir novos OA.

A etapa seguinte ao uso dos OA é o trabalho de convencimento pessoal para que eles sejam utilizados. É preciso tomar cuidado para evitar que essa fase se transforme em uma atividade de *marketing* que destaque qualidades que o objeto não possui. É uma atividade comercial que pode colocar a perder a busca pela qualidade e significação didático-pedagógica dos OA.

Há vantagens ou desvantagens em sua utilização. Depende do contexto em que os OA são utilizados, do preparo, do interesse e da participação dos usuários, pois consideramos que o uso da tecnologia não tem sentido se não houver intervenção significativa destes. Observa-se que, sobretudo nas iniciativas internacionais, há um grande aporte financeiro, um planejamento cuidadoso e dedicado, que tende a proporcionar a produção de materiais com alto grau de qualidade.

Vistos dessa forma, os ROA devem estar, de acordo com Friesen (2004), livres da confusão que se origina já na multiplicidade de suas definições. Assim, voltamos a destacar a importância de haver uma única definição para esse conceito, como a proposta por McGreal (2004). Friesen alerta ainda que a palavra *objeto* que antecede o termo *aprendizagem* deve ser propriamente tratada como proveniente da tecnologia de orientação a objetos, ou seja, com as propriedades de um objeto (abstração, concorrência, encapsulamento, herança etc.).

Os OA foram criados para uso e reutilização extensivos. Quando os usuários compreendem essa colocação, abandonam algumas resistências. Entretanto, vale lembrar que os usuários se colocam contra a obrigatoriedade de uso, alinhando-se a nossa posição de que somente os utilizarão se atenderem à visão pragmática do usuário. Está longe a perspectiva da obrigatoriedade de uso dos OA e a ideia de que, sem a sua utilização, nada aconteceria nos ambientes enriquecidos com a tecnologia. Apesar de, com o uso da tecnologia, tornarem possível prover materiais de elevada qualidade, a utilização correta e o aproveitamento somente são completos com a ação dos usuários. Os OA são um recurso, por essa razão, por mais que tenham qualidade, para os usuários são apenas isso.

Portanto, a possibilidade do aumento da qualidade do ensino-aprendizagem nos ambientes enriquecidos com a tecnologia continua nas mãos dos usuários: dos usuários docentes, ao criarem ambientes de significação para o aluno, e dos usuários discentes, ao darem significado às combinações possíveis.

Em todas as ocasiões em que nos referirmos a tecnologias, será destacado, ou mostrado de forma subjetiva, que, quando vistas de forma isolada no ambiente educacional, elas não apresentam significado. Está sempre na ação e na prática dos usuários a significação e a ressignificação dos conteúdos.

7.2 Motivação dos usuários

Neste livro, o termo *usuários* é considerado de forma geral e, em casos específicos, como um *usuário docente* e um *usuário discente* (aluno de um curso regular ou em desenvolvimento de estudos autodidatas, para educação informal).

A grande motivação, no caso do usuário que é visto de forma geral, está na obtenção de recursos especialmente preparados para o trato educacional, pois ou o volume de informações disponíveis na internet não está adequado para o uso educacional, ou – como acontece em muitos casos – os conteúdos não são suficientemente confiáveis.

Já o conteúdo dos ROA é produzido e validado antes de ser disponibilizado na internet, o que dá mais segurança e exige menos dos usuários. Muitos deles não estão preparados de forma adequada para a separação do que realmente interessa no elevado volume de informação a que têm acesso.

A motivação dos usuários, observada de forma geral, é providenciada, então, pela qualidade dos conteúdos e pela facilidade de acesso aos ROA.

> **diálogo**
>
> Os tutoriais de utilização atuam, de forma geral, como elementos suficientemente motivadores. Deve-se considerar que, ao acessar um ROA, a finalidade já está estabelecida e, geralmente, o usuário sabe o que quer. Resta, então, saber como acessar e lidar com os conteúdos.

O que se colocou até o momento é válido e suficiente para o usuário comum. Porém, a motivação do usuário docente depende do uso contínuo dessa tecnologia. O docente, em relação aos OA, tem como tarefas:

- Determinar os candidatos a objetos, observando a divisão da ideia complexa em conceitos mais simples.
- Determinar a estratégia educacional para disseminar os conteúdos e atingir os objetivos propostos.
- Determinar sequências de aprendizagem, junto com o projetista instrucional, usando ou não as rotas de aprendizagem dos SGCA.

- Determinar os tipos de atividades, ligadas a alguma ideia pedagógica ou teoria da aprendizagem específica, das quais os objetos independem para sua construção, mas não para sua utilização.

Durante a navegação no Rived, no Labvirt e em outros grupos de trabalho e projetos internacionais, é possível observar grande interesse por parte dos docentes, pois sem eles esses projetos não existiriam. Chegamos, assim, ao ponto que trata justamente da venda do conhecimento especialista na internet – um nicho de mercado (para o docente) que já é conhecido em nosso país, mas que ainda não foi explorado em todo seu potencial.

Skirme (1999) e outros pesquisadores nomeiam essa atividade de *Knowledge Commerce* (KC). Com o uso dos OA, o acesso ao conhecimento é facilitado, pois se torna compacto, portável e disseminável na internet. No entanto, sem o uso extensivo, essa tecnologia terá o destino certo, já tomado por outras tecnologias, de ficar esquecida nas prateleiras de algum laboratório ou perdidas no mundo virtual, a consumir recursos.

Para evitar que isso aconteça, o usuário docente pode participar como:
- desenvolvedor de novos objetos;
- usuário de objetos, em suas atividades;
- participante de equipes de avaliação heurística;
- participante em equipes multidisciplinares para escolha de candidatos a objetos.

Em todas essas atividades, o docente tem participação ativa. Quando já domina o uso dos sistemas SGCA, sua participação é facilitada; porém, transformar os docentes tradicionais em produtores de materiais não tem se demonstrado uma tarefa fácil. É comum observar que o número de docentes que utilizam os OA existentes é muito maior que o número de docentes produtores, que é quase inexpressivo.

Os recursos financeiros e de formação, reservados para o desenvolvimento dessa atividade em nosso país, podem ser considerados inexistentes. Isso traz o risco de nos tornarmos, mais uma vez, dependentes de incentivos externos.

Um aspecto motivador para o docente é que, com a produção de OA, ele colabora com a eliminação da exclusão digital das pessoas que vão enfrentar um mercado de trabalho em que a tecnologia reina absoluta. Quanto maior a formação do usuário docente, mais ele está preparado e motivado para colaborar com o aumento dos ROA.

Gibbs (1988) afirma que seus cursos, bem como as várias experiências na área de *e-learning*, indicam que grande número de professores acredita que, para criação de novos OA (ainda que experimentais), é preciso que existam atividades de motivação e o desenvolvimento do aprender fazendo. Assim, poderão colaborar de forma direta e ganhar a motivação que se espera deles, a qual ainda não se viu efetivada na ação e na prática docentes.

diálogo
Os ROA experimentais, com tutoriais de orientação sobre a criação de cursos inovadores com OA, são a experimentação mais comum e apresentam resultados em curto espaço de tempo. Participar dessas experiências é uma das formas de aumentar os recursos disponíveis.

7.3 Disponibilidade e acesso

Além dos dois projetos de grande evidência já citados (Rived e Labvirt), dos grupos de estudo de Rosane de Aragon (Universidade Federal do Rio Grande do Sul – UFRGS), dos estudos de José Armando Valente (Núcleo de Informática Aplicada à Educação da Univercidade Estadual de Campinas – Nied/Unicamp) e dos trabalhos de Carmen Lúcia Prata e Ana Christina Aun de Azevedo Nascimento (2007), proporcionados pela Secretaria de Estado da Educação (Seed), do Ministério da Educação (MEC), há poucas outras atividades de pesquisa sobre OA. No momento, muitas colocações ainda precisam ser efetuadas em nível teórico e apoiadas, de forma otimista, na grande expectativa que essa tecnologia apresenta. Assim, recomenda-se ao docente se associar a esses grupos ou a outros que surgirem por conta da produção individual ou colaborativa.

A proposta deste livro é atuar como incentivo para que outras instituições possam criar seus primeiros protótipos ou, então, logo que alguma versão seja liberada, para que venham a trabalhar com objetos já desenvolvidos.

No cenário internacional é possível localizar um maior volume de repositórios e se associar a eles. Muitos deles permitem o acesso livre e a subscrição de docentes, mas a maioria não apresenta o nível de flexibilidade proposto neste livro. Ainda assim é possível adquirir um bom conhecimento por meio deles.

Caso deseje pesquisar OA relacionados à área de química, o docente vai localizar um endereço na *web*, no estilo de um portal, que permite ao usuário participar de discussões, solicitar ajuda ou utilizar um objeto específico, criado pela equipe de desenvolvimento. Se o usuário estiver interessado em desenvolver objetos, ele pode solicitar sua associação ao portal e, com a sua produção, auxiliar nesse momento de arrancada inicial para o aumento de OA disponíveis. O material localizado no *site* do Labvirt[1] pode ser usado livremente pelo docente e representa um bom começo de trabalho.

O usuário pode participar de forma colaborativa no desenvolvimento desses recursos, pois quanto mais usuários (docentes ou não) atuarem no projeto de forma colaborativa, na criação e no teste de novos OA, maior será a validade e a credibilidade obtidas com a comunidade acadêmica.

É importante que você compreenda a proposta deste livro, que visa apresentar a tecnologia de OA e um possível modelo de elevada flexibilidade, que você pode comparar com os modelos existentes.

No Labvirt, outra área disponível é a de física. Conheça o estilo de desenvolvimento e compare com a proposta contida neste livro. Todas essas atividades concorrem para que você, como usuário, comece a viver uma nova realidade na produção de materiais em multimeios para os ambientes enriquecidos com essa tecnologia.

Para completar esse importante trabalho, procure outros grupos de estudo e outros portais da área. Participe, de forma ativa, dessas experiências inovadoras. Elas podem lhe oferecer uma boa base de sustentação para que você desenvolva novos trabalhos na área.

---

1 Acesse: <http://labvirt.futuro.usp.br>.

7.4 Como desenvolver em sua instituição

Diante das expectativas de benefícios esperados, muitos usuários questionam a razão pela qual a tecnologia de OA não está amplamente disseminada. Eles costumam se perguntar por que, nas instituições de ensino em que trabalham, esses benefícios não são utilizados. O problema principal é o custo, ainda elevado, para estabelecer uma infraestrutura na qual os OA possam ser armazenados.

Para os usuários dos cursos de nivelamento, além dos conhecimentos adquiridos, dos exemplos oferecidos e dos grupos formados, são sugeridas ações para a criação de estruturas experimentais ou para a realização de trabalho conjunto com os grupos referenciados durante o curso. É possível criar grupos internos para a disseminação dos conhecimentos, com uma cultura voltada para a atuação nos ambientes enriquecidos com a tecnologia, e, assim, buscar recursos e utilizar processos de iniciação científica voltados para o desenvolvimento de OA que contemplem as características de flexibilidade.

Um dos aspectos que deve ser combatido no ambiente educacional é a resistência – inexplicável e geralmente proveniente da gestão – ao desenvolvimento de trabalhos interinstitucionais. A apropriação indébita de conhecimentos com a ausência do reconhecimento de créditos necessita ser eliminada para que esse estereótipo indesejável seja suprimido.

diálogo

Você pode desenvolver um trabalho de convencimento para que a instituição da qual você faz parte se coloque como inovadora, criadora de novos conhecimentos e realize a disseminação desses conteúdos no ambiente acadêmico. A tecnologia dos OA necessita desse enfoque e posicionamento para sua progressão como criadora de recursos. No ambiente educacional, resistente ao uso de tecnologias como essa, uma atitude assim pode ser temerária, mas deve ser tomada.

Capítulo 08

Questões complementares

Há uma colocação de Sheperd (2000) que analisa de forma abrangente os OA, avaliando seus benefícios. Ela é apresentada a seguir e pode complementar as questões analisadas até esse ponto.

8.1 Benefícios pedagógicos

Os benefícios da criação dos grandes ROA são inegáveis, tanto para a comunidade como para a instituição em particular, ou seja, para todos usuários dos ambientes enriquecidos com a tecnologia. Sheperd (2000) considera que eles podem ser percebidos de forma diferenciada, mediante a estratificação do grupo de usuários dos ambientes enriquecidos com a tecnologia, em diferentes níveis: alunos, administradores, desenvolvedores e usuários.

Em cada uma dessas áreas, as pessoas têm interesses específicos e diferenciados, os quais podem estar apoiados em estratégias pessoais ou em objetivos determinados pela instituição de ensino, associada a algum consórcio voltado para a distribuição dos ROA – nesses casos, a instituição terceiriza a produção de materiais.

Confira no Quadro 2 os benefícios para cada usuário, apontados por Sheperd (2000):

É cada vez mais frequente a utilização dos SGCA na forma de *software* livre (Dokeos, Claroline, Docebo, Aulanet, Teleduc, Moodle, Ilias, Bazar, entre outros), e sua integração com os OA tem aumentado. Em consequência, surgem materiais de qualidade, que contém ideias pedagógicas embutidas. O volume desses materiais se torna maior e crescente, oferecendo alternativas interessantes para os usuários.

O fato de seguirem uma padronização pode facilitar a formação de uma base instalada de OA nos próximos anos. A partir daí, se ainda existirem barreiras, elas não serão mais tecnológicas

Quadro 2 – Benefícios dos OAs

Para alunos	Para administradores	Para desenvolvedores
Personalização: os cursos podem ser desenvolvidos para atender a necessidades pessoais.	Os cursos podem ser customizados para atender a necessidades de audiências específicas.	Os objetos podem ser construídos ou modificados com o uso de diversas ferramentas de autoria.
A aprendizagem pode ser desenvolvida por pequenas partes "digeríveis" de conhecimento.	Os cursos podem ser construídos com o uso de componentes provenientes de uma grande variedade de fontes.	O mesmo objeto pode ser empregado por uma grande variedade de plataformas de *hardwares* e *softwares*.
A aprendizagem está disponível em uma base *just in time*.	Os componentes podem ser reutilizados para atender a uma grande variedade de necessidades de aprendizagem.	

Fonte: Sheperd, 2000.

ou financeiras: as objeções à utilização serão somente culturais ou psicológicas, pois os benefícios didáticos e pedagógicos são inegáveis e acabam por remover o fator resistência.

diálogo

Apesar de ser um elemento tecnológico por excelência, a criação e o uso extensivo de OAs não traz benefício algum para a melhoria das tecnologias. Já no que diz respeito aos benefícios didáticos e pedagógicos, eles são grandes, mas totalmente dependentes da ação e da prática dos usuários, que precisam inovar as suas formas de criação e utilização.

Os aspectos didáticos e pedagógicos que são colocados como apoio não dependem dos OA; eles existem por si próprios, pois têm existência e aplicação em outras áreas. Ainda assim, se forem bem utilizadas, as ideias pedagógicas que foram citadas podem potencializar os resultados dos OA.

8.2 Os tipos de OA

Os OA podem ser compostos por textos, imagens, vídeos, tutoriais, procedimentos, pequenas histórias, testes, simulações, casos de estudo, pequenos jogos, entre outros. Wiley (2000) utiliza uma metáfora que os considera como pequenos blocos de um jogo LEGO®; peças com as quais as crianças "constroem castelos". Essa forma simplificada é a ideia principal do seu empreendimento, que defende a construção de recursos de aprendizagem como objetos reutilizáveis.

Esse enfoque tende a criar objetos que podem auxiliar indivíduos a construir conhecimento de forma independente, desde que os conteúdos estejam em uma sequência didática e pedagogicamente estabelecida pelo docente. O tamanho pequeno faz com que não haja sobrecarga cognitiva. O encadeamento com outros objetos, na esteira da sugestão de algum orientador ou inferido pelo aluno, pode possibilitar a criação de um caminho consistente de aprendizagem.

A flexibilidade de proposta pode permitir a personalização, levar em consideração a pedagogia diferenciada e atender às necessidades individuais dos usuários. Esses conteúdos ficam armazenados nos ROA e, dependendo do valor de conhecimento que eles possibilitam nas áreas estratégicas, são disponibilizados em nível geral ou restrito para, mais tarde, serem rastreados pelos SGCA.

Sheperd (2000) considera que os objetos podem ser tipificados de acordo com sua finalidade, e a classificação proposta por esse autor foi adotada neste livro. Trata-se de uma divisão quase intuitiva, já utilizada por usuários que produzem materiais muito aproximados dos atuais OA, ainda que não sejam considerados como tal, pois diferem quanto à finalidade, à forma de armazenamento e aos propósitos com que cada material é desenvolvido.

Muitas vezes, as taxonomias de Sheperd (2000) são oferecidas da mesma forma que as definições e os formatos prescritivos, para atender a uma necessidade dos usuários. Assim, os OA, ou aqueles elementos assim considerados, são classificados de acordo com o que mostra o Quadro 3.

Quadro 3 – Tipos de OA

Integrados	Informativos	Prática
Minitutoriais Miniestudos de caso Simulações Informações de suporte	Visão geral, sumários Descrições, definições Demonstrações, modelos Exemplos trabalhados *Cases*, histórias Pesquisas, artigos Tomadas de decisão	Problemas, casos de estudo Jogos, simulações Exercícios, práticas Exercícios de revisão Testes, avaliações

Observe que essa classificação é intuitiva, orientada para seguir uma tendência de mercado, e abrange elementos tecnológicos de suporte educacional que já estão disponíveis. É uma tendência que se revela com a quebra de ideias complexas em conceitos mais simples; assim, os estudos podem ser desenvolvidos do mais simples para o mais complexo.

8.3 O papel do usuário docente no uso dos OA

No universo de usuários dos OA, mais especificamente os usuários docentes, exige-se uma série de preocupações que permitam definir, de forma mais clara, qual o papel destes. Essas preocupações se concentram nos seguintes aspectos:

- as limitações no uso dos OA;
- a ampla tendência da utilização da internet como lócus educacional;

- a oferta de cursos em processo de imersão total nos AVA (nos quais são oferecidas vastas possibilidades por meio de inúmeros cursos de educação formal, educação não formal e educação informal[1]).

É importante, antes de quaisquer outras considerações, destacar que o docente e os responsáveis por sua formação devem considerar a necessidade de redimensionar a forma como entendem os processos educativos, ante o elevado número de mudanças que lhe são impostas. O docente deve passar do papel de detentor universal do conhecimento para o de colaborador, que orienta e aprende junto com o aluno; do relacionamento de poder para o de companheirismo de estudos; do professor individual para o professor coletivo, que desenvolve os trabalhos em grupos e equipes interdisciplinares, que produzem em conjunto os conteúdos educacionais (Belloni, 1999).

Somente assim eles serão capazes de conceber e produzir, nas equipes multidisciplinares, OA que tenham estruturas apoiadas na tecnologia e que privilegiem o didático e o pedagógico. Além disso, coordenadores de curso e docentes podem provocar mudanças em formas curriculares superadas e propor formas inovadoras com o planejamento dos cursos que permitam superar a linearidade dos processos educacionais e avançar para uma visão mais ampla, aberta, em rede.

O docente pode superar a limitação de uma visão restrita, que se perde em meio a um emaranhado de tecnologias. É importante, para isso, que seja adotado o trato didático e pedagógico dos elementos tecnológicos colocados à sua disposição. O desafio é adotar novas atitudes e comportamentos no relacionamento com o aluno. É esse o horizonte do trabalho docente desenvolvido no ambiente enriquecido com a tecnologia e, em especial, nos AVA que utilizam os SGCA.

Essas novas atitudes devem levar o docente a dar destaque a procedimentos diferenciados, como as atividades colaborativas desenvolvidas em grupo, voltadas para solução de problemas aproximados daqueles que a vida real apresenta aos profissionais, tornando a aprendizagm mais significativa.

---

[1] A educação informal é mais livre que a educação formal, que ainda está ligada parcial ou totalmente a uma instituição de ensino, além de totalmente sob o controle do aluno. Ela cria competências e habilidades que o usuário necessita. O único inconveniente é que ela ainda não tem o mesmo reconhecimento que a educação formal.

A experiência cada vez maior do uso do *e-learning* (aprendizagem eletrônica) e do *m-learning* (aprendizagem móvel) – modalidades mais voltadas para a educação de jovens e adultos – revela as diferenças no trato (andragogia) com o aluno que tem mais experiência de vida, que sabe o que quer, fato que destaca ainda mais a importância do docente e que, em contrapartida, exige ação e prática discente diferenciada.

Um dos mitos quebrados quando se fala na atividade de ensino-aprendizagem nos ambientes virtuais é a questão da socialização, levantada por alguns docentes. Ela não representa uma dificuldade, uma vez que a aprendizagem não é solitária.

A capacidade de socialização dos ambientes virtuais é uma das principais características desse espaço. As redes sociais e as comunidades de aprendizagem virtual (CAV) estão aí para comprovar a quebra de um mito que pode ser considerado proveniente do fator resistência.

Nesse sentido, o docente deve utilizar o máximo que puder a característica de socialização, o que exige que sua formação o oriente a ter uma visão que privilegie:

- o uso das ideias pedagógicas, das teorias da aprendizagem, consideradas como as mais aplicáveis aos ambientes enriquecidos com a tecnologia – principalmente os AVA – e que favorecem a aprendizagem em grupos;
- o uso das "dimensões afetivas e psicológicas" de acordo com as características do público-alvo aprendente;
- a escolha e a composição de OA que permitam a aprendizagem na visão do "mais simples para o mais complexo", o que exige um bom nível de granularidade, a fim de que abranja um conceito simples, autocontido e que contenha um conhecimento que possa ser contextualizado de acordo com as diversas necessidades, que demonstram a interdisciplinaridade do conhecimento como uma teia de relações;
- o incentivo ao aprendente, no que diz respeito ao uso de diferentes ideias pedagógicas que facilitem o seu trabalho, tais como conhecer as formas pelas quais ele aprende, e que atuem na perspectiva do aprender pelo erro e do aprender fazendo. Estas são ideias pedagógicas de uso corrente e eficiência comprovada nos ambientes enriquecidos com a tecnologia.

Desse modo, o principal papel do docente é se envolver de forma direta na atividade de ensino-aprendizagem do aluno, sem se limitar a transmitir conhecimentos prontos e acabados. Por meio dos OA, o docente pode ressignificar sua ação e sua prática profissional, reconstruindo a forma como apresenta os conteúdos e trabalha com os currículos. Também cabe a ele apresentar uma série de situações alternativas, todas elas voltadas para as formas particulares como os grupos de alunos – ou alunos individuais – desenvolvem suas atividades de ensino-aprendizagem.

Uma das maiores dificuldades nessa questão está em que o docente enxergue que é possível ensinar com qualidade um grande número de pessoas nos ambientes enriquecidos com a tecnologia, ainda que ele não esteja presente fisicamente nem determine os conteúdos e oriente o aluno de forma assistencial.

saiba +
Sobre o tema relacionamento docente e discente para trabalhos no ambiente virtual, com destaque maior para o papel do docente, consulte os trabalhos de pesquisa de Gadotti (2000), *Perspectivas atuais da educação*, e os estudos da Organização das Nações Unidas para a Educação, a Ciência e a Cultura (Unesco) apresentados em *Educação, um tesouro a descobrir*, produzido por Delors (1999), ambos indicados nas referências.

diálogo
O papel do docente é de destaque no uso dos OAs, por ser ele o elemento que orienta (ou, ao menos, deveria orientar) o aluno para que este possa compreender e dar sentido aos OAs, quando de suas interações na experimentção e no desenvolvimento de construções cognitivas.

8.4 O papel do usuário discente no uso dos OA

Para o usuário discente, os OA apresentam diversas vantagens, entre elas, o fato de haver mais comodidade na obtenção de materiais de estudo que estejam disponíveis nas formas *on-line*, *on-demand*, *just in time* e que sejam personalizáveis às características de aprendizagem do aluno, que deve se esforçar para interagir, exercer um maior grau de participação nas atividades e desenvolver uma aprendizagem independente – que não deve ser confundida com autodidatismo.

Na aprendizagem independente, o aluno busca desenvolver estratégias e recursos para obter e aprofundar conhecimentos, estabelecendo um diálogo didaticamente oritentado com seus orientadores. Já quando atua como autodidata, essa relação com os docentes não existe de maneira formal. Para que essa diferenciação fique ainda mais clara, é interessante observar, por exemplo, como os indivíduos interagem de forma independente nas mídias sociais, com o objetivo de coletar informações e construir conhecimentos.

A vantagem para o usuário docente é trabalhar de forma mais livre e em um ambiente colaborativo. Isso porque a maior ou menor qualidade da educação não depende somente dos materiais, mas também da participação do docente, que fica responsável por apenas uma parte do processo de aprendizagem do aluno.

Até pouco tempo, a responsabilidade por oferecer educação de boa qualidade era delegada à escola e/ou univerdade e ao docente. Isso não deixou de acontecer por completo, pois continua sendo necessário que a instituição proporcione condições para que o docente possa exercer suas funções da melhor maneira possível. A diferença se dá no papel que aluno asssume no processo de ensino-aprendizagem: ainda que de forma não explícita, é atribuída a ele uma responsabilidade conjunta, que é aceita de forma também não explícita – esse é um dos efeitos facilmente observáveis nos ambientes enriquecidos com a tecnologia.

A sociedade atual exige que o aluno aprenda em um ritmo fortemente acelerado. Sendo assim, o mais comum é esperar que ele:

- desenvolva a aprendizagem de forma rápida e eficiente;
- saiba procurar e identificar, de forma independente, os recursos dos quais necessita para solucionar os problemas que são propostos como atividades e que se assemelham às dificuldades enfrentadas na vida real – o que torna a atividade de aprendizagem mais significativa e, consequentemente, aumenta a participação, o interesse e a motivação do aluno;
- adote um processo de formação permanente e continuada, na perspectiva de uma educação para toda a vida, voltada a preencher as lacunas da formação educacional que podem refletir – direta ou indiretamente – em sua carreira

profissional, e para mantê-lo atualizado sobre novos assuntos e avanços relacionados a suas áreas de atuação;

- desenvolva a capacidade de aprendizagem para que forme competências e habilidades – não apenas para atender às exigências do mercado em sua área profissional, mas para complementar e ampliar as condições de desempenho de sua própria cidadania;
- desenvolva a capacidade de adotar linhas de pesquisa que tenham início na composição, na recomposição e na ressignificação de OA, os quais devem estar disponíveis como unidades encapsuladas e autocontidas para que possam ser colocados e compreendidos em uma sequência que permita a aquisição de conhecimento em qualquer nível.

A principal orientação a ser dada ao discente é que, como uma necessidade à sua evolução pessoal, ele deve abandonar o papel de receptor passivo, trazido do ambiente presencial. Por mais difícil que essa tarefa possa parecer, na perspectiva atual é o aspecto sobre o qual o aluno mais deve concentrar seus esforços. Sem esse empenho, os ambientes enriquecidos com a tecnologia e, principalmente, os cursos ofertados na modalidade do ensino a distância podem perder o significado e se transformar em uma "fábrica" de diplomas *on-line*, oferecendo ao mercado indivíduos com títulos e diplomas, mas sem as competências e habilidades necessárias para que sejam profissionais independentes e trabalhem como solucionadores de problemas.

A orientação condutista e assistencialista ao aluno desses ambientes tem sido apontada como uma das principais razões para o insucesso de algumas iniciativas, bem como pelo elevado grau de evasão que se observa em algumas ocasiões.

Com base nisso, recomenda-se que o aluno, antes da etapa de escolha de um curso ou de uma instituição para o desenvolvimento de atividades nos ambientes enriquecidos com a tecnologia, pergunte a si mesmo se está preparado para enfrentar o grau de participação exigida e para compartilhar a responsabilidade sobre a sua formação.

Os objetivos do questionamento anterior são: evitar que o aluno se torne mais um número na estatística de evasão e prepará-lo antecipadamente quanto às condições necessárias para o aproveitamento e o desenvolvimento do curso. Caso ele venha a participar desses ambientes sem a necessária preparação, é responsabilidade do docente, ou dos tutores/orientadores acadêmicos, orientá-lo para que venha a assumir o comportamento adequado exigido pelas condições.

Blogs

Capítulo 09

O Projeto Instrucional (PI) e os Objetos de Aprendizagem (OA)

O conjunto de recomendações registradas até este ponto destaca a necessidade da presença de um Projeto Instrucional (PI). Nele, as tarefas que permitem desenvolver a teoria na prática já vêm sugeridas, o que pode facilitar o atendimento de uma das necessidades dos OA: prever, em seu conteúdo, atividades de avaliação. Quando o PI é desenvolvido com a previsão do uso da tecnologia de OA, torna-se possível aplicar soluções mais eficientes nos projetos de curso.

9.1 Características de um PI

O projeto de um curso deve se iniciar com um planejamento, que é orientado por diretrizes curriculares, estabelecidas pelos órgãos reguladores da educação. A carga horária é previamente definida por especialistas da área e, depois disso, os coordenadores estabelecem a grade horária com as disciplinas que irão compor os cursos, determinam as bases tecnológicas que serão utilizadas, buscam a bibliografia mais indicada e definem os planos de ensino.

O resultado desse trabalho todo é o Projeto Político-Pedagógico (PPP) do curso. Nos ambientes tradicionais, o processo se encerra nesse ponto. Já no ambiente dos cursos enriquecidos com a tecnologia, um novo elemento se mostra necessário: o PI, que detalha como o PPP será efetivado fazendo uso da tecnologia.

O PPP e o PI são elementos complementares, uma vez que não há entre eles nenhuma contraposição, mas uma complementaridade. O PI define as formas de efetivação do conteúdo teórico do PPP, levando em conta as tecnologias disponíveis no ambiente, se elas são adequadas e, caso sejam, qual seria a melhor maneira de utilizá-las.

Considerando que cada ferramenta tecnológica é um meio de comunicação e que, sendo assim, tem uma linguagem característica, o PI procura adequar as formas de desenvolvimento dos conteúdos à maneira que seja mais apropriada a esses meios e suas linguagens. Desse modo, auxilia a efetivação do conteúdo teórico na prática, fazendo uso das tecnologias que existem no ambiente. O estudo da adequabilidade de cada tecnologia é desenvolvido, de forma antecipada, pelo especialista de cada meio.

O PI é também denominado *design instrucional*. Segundo a definição clássica, representa a ciência da criação de especificações para o desenvolvimento, a implantação, a avaliação e a manutenção de situações que criam condições para a construção de conhecimento (com início em pequenas ou extensas unidades de um determinado assunto, em todos os níveis de complexidade possíveis).

Se no desenvolvimento dos OA e/ou nos projetos de cursos ofertados nos diversos cenários do ensino a distância não forem levadas em conta as teorias da aprendizagem, será utilizada uma teoria específica, uma abordagem derivada ou ideias pedagógicas para que se possa garantir a qualidade e atingir os objetivos pretendidos.

O PI é normalmente desenvolvido após a conclusão do PPP e, fundamentalmente, analisa a proposição de atividades, o desenvolvimento e o processo de avaliação. Parece ser uma atividade simples, mas não é. Seu grau de complexidade é maior do que o do próprio PPP, que tem uma visão macro, afastada da efetivação, e não entra no nível de detalhamento que o PI propõe ao se envolver com as necessidades específicas de formação do profissional.

> **diálogo**
>
> Um dos principais problemas encontrados durante os cursos de nivelamento é fazer o usuário docente compreender o PI como uma etapa necessária ao processo de planejamento do curso. Isso porque pode haver uma resistência inicial, o que dificulta o desenvolvimento do uso da mediação tecnológica em equipes multidisciplinares quando as tecnologias existentes não são divulgadas ou o seu uso não é conhecido.

O PI é uma atividade que pode ser considerada essencial no ambiente *on-line* ou enriquecido com a tecnologia. O uso de um PI não pressupõe a utilização de OA, mas praticamente a impõe, já que é exigido um nível de detalhamento que, sem eles, não é possível atingir.

9.2 Os mapas conceituais e os OA

Desde o desenvolvimento de produtos multimídias (a partir da década de 1980, quando o nível evolutivo da tecnologia não estava tão desenvolvido nem era utilizado tão massivamente como acontece na atualidade), os mapas conceituais já eram utilizados em diversas atividades:

- Na construção de produtos multimídias.
- Na construção de produtos hipermídias.
- No desenvolvimento do PPP (para a determinação clara de eixos temáticos e bases tecnológicas).
- No desenvolvimento de PI (para o estabelecimento e o sequenciamento de atividades).

Nos dias atuais, a sua abrangência foi ampliada, sendo os mapas conceituais uma ferramenta (não a única, mas uma das mais próximas do usuário) para a identificação de candidatos a OA.

Sobre essa questão, Novak (2000) argumenta que

> os mapas conceituais são ferramentas para organização e representação do conhecimento. Eles incluem conceitos usualmente contidos em círculos ou retângulos, e o relacionamento entre os conceitos e proposições são indicados por uma linha de conexão entre estes conceitos. As frases nas linhas especificam o tipo de relacionamento.

A montagem de um mapa conceitual exige tempo e mão de obra especialista na área. As diversas facetas do conhecimento serão inter-relacionadas com a utilização ou não de alguma linha temporal que indique um sequenciamento, o que depende, fundamentalmente, do conhecimento aprofundado que o profissional deve ter na área em questão.

Novak (2000) define *conceito* como uma regularidade percebida em eventos e objetos designados por um título ou, geralmente, por uma palavra. Essa proposição tem duas ou mais formulações conectadas com outras palavras para a formação de significados. Eles são denominados *unidades semânticas* ou *unidades de significado*. Para possibilitar uma melhor compreensão do conceito, Novak (2000) criou um mapa conceitual sobre o que são os mapas conceituais, apresentado na Figura 3.

Figura 3 — Mapas conceituais

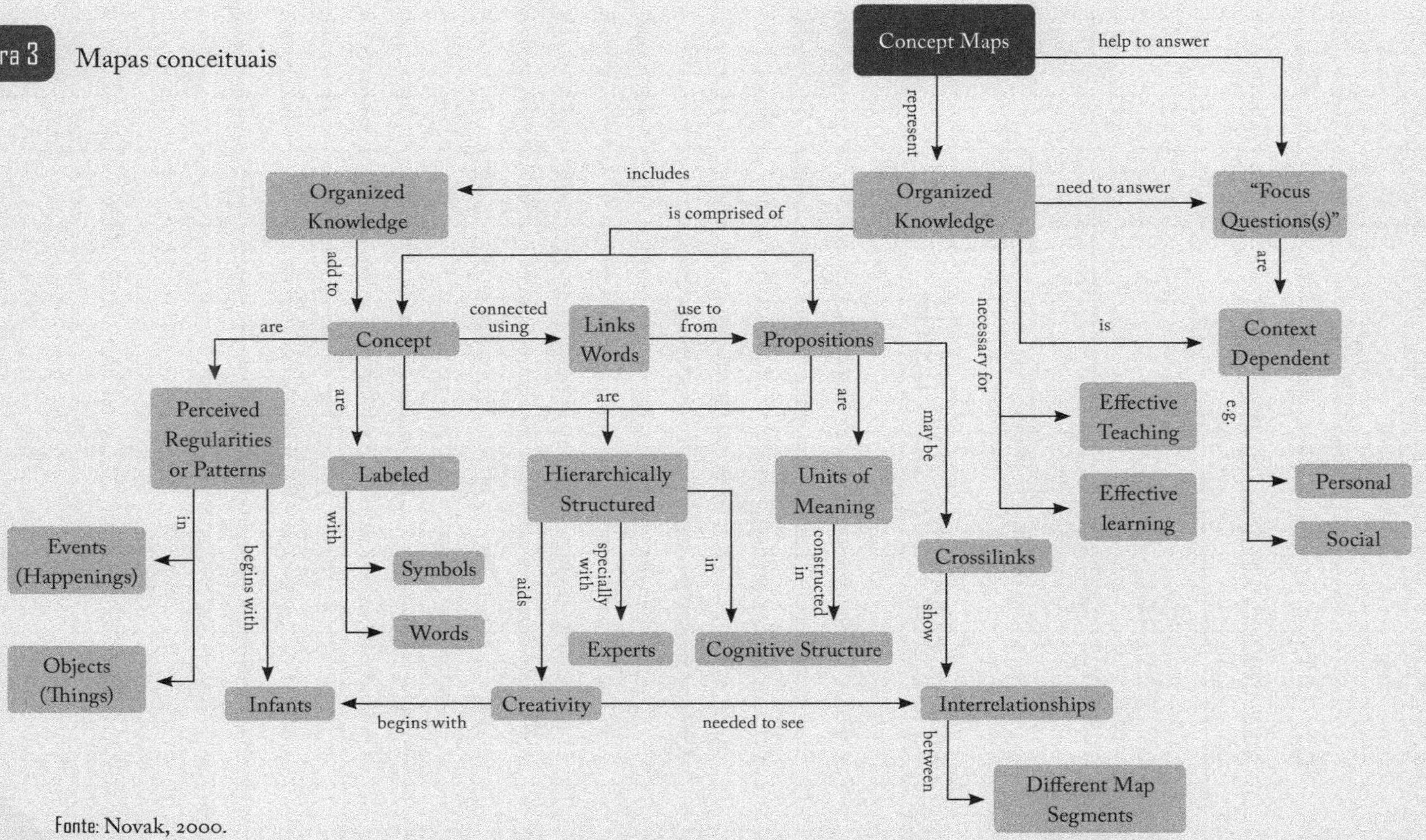

Fonte: Novak, 2000.

Essa é uma ferramenta muito útil na identificação de candidatos a OA, mas cujo estudo não está na abrangência deste livro. Seu conceito é exposto, sua importância destacada, principalmente para uso durante o PI, na busca de candidatos a OA.

saiba +

Acesse o *site* do IHMC CmapTools[1] e copie o programa. Siga as instruções, instale um provedor CMAP em seu equipamento, ou utilize o disponível no endereço, e projete o mapa de sua disciplina. Essa atividade pode ser integralmente desenvolvida num provedor montado para uso público.

9.3 Os *storyboards* e os OA

O elemento denominado *storyboard* sai das pranchetas dos *designers* gráficos para fazer parte da cultura docente em maior ou menor profundidade. A utilização desse elemento ocorre logo após a escolha dos OA. Durante a montagem dos cursos, este é um dos elementos mais questionados; no entanto, é também o mais aceito pelos usuários, assim como os mapas conceituais.

O estudo detalhado dessa ferramenta também não está no escopo deste livro, mas o apontamento de sua finalidade e a forma como pode ser utilizada é importante para quem vai trabalhar com OA. Isso porque trata-se de um elemento relevante para a comunicação entre todos os participantes das equipes multidisciplinares. Por essa razão, é importante citá-lo e apresentar um modelo.

Quando o *storyboard* é utilizado, ele cria um roteiro que pode servir para a montagem de programas multimídia/hipermídia e também em roteiros para a produção de áudio e vídeo, que são bastante usados no projeto de OA. A sua abrangência e complexidade dependem do contexto do desenvolvimento ou do produto final desenvolvido. Por exemplo: os vídeos de curta a média duração, produzidos para os OA ou para os cursos oferecidos em EaD (com uso dos cenários

---

1   Acesse: <http://cmap.ihmc.us>.

e-learning e *m-learning*), não devem ser lineares, na forma de monólogo, pois são roteiros que criam novas maneiras de ensino e de disseminação de conteúdos.

As formas de desenvolvimento e de uso de um storyboard e de diversas outras ferramentas e produtos são as mais variadas possíveis. Vamos apresentar na sequência uma das versões possíveis, a que temos utilizado na criação de cenários, com a utilização de *storyboard*.

As indicações da Quadro 4 estão de acordo com as proposições de Nieland (1999), que considera o uso de *storyboards* apropriado para o desenvolvimento de *websites*, a criação de produtos hipermídia/multimídia e a criação de roteiros com finalidades diversas.

Quadro 4 – Guia para criação de *storyboards*

Características desejáveis	Recomendação
Volume apropriado de informações.	Procurar deixar a interface clara e limpa, sem sobrecarga de informações.
Estrutura consistente.	Atentar para a imagem institucional e evitar fugir do padrão adotado.
Projeto consistente.	Procurar manter a mesma estrutura em todo o projeto, não mudar a forma e o desenho a cada nova página.
Uso apropriado de imagens de suporte.	Indicar fontes e referências para a consulta direta dos direitos autorais das figuras indicadas para composição.
Apresentação clara de textos, imagens, animações, sons etc.	Evitar croquis manuais que complicam a leitura, definir claramente cada elemento e preferir o meio digital.
Numeração lógica e consistente dos *slides*.	Seguir uma sequência lógica, com um sistema de numeração bem estruturado.

(continua)

(Quadro 4 – conclusão)

Características desejáveis	Recomendação
Informações essenciais presentes.	Explicar cada item constante no projeto, titular e dar nomes aos arquivos digitais quando os utilizar.
Desenho correto da tela.	Com informações sobre *banners*, nomes de arquivos, música, efeitos especiais etc.
Descrição correta das animações.	Indicar o arquivo ou apontar para que algum *storyboard* auxilie a encontrar onde a animação desejada está descrita.
Roteiro para vídeos incluídos.	No caso de vídeo (prontos ou que ainda serão realizados) de terceiros, indicar nome, direitos etc. No caso de vídeo a ser filmado internamente, indicar um roteiro de apresentação para ser usado pelo diretor de cena.

Fonte: Adaptado de Nieland, 1999, grifo nosso.

Observe, na Figura 4, um exemplo de *storyboard*, no qual utilizamos uma rota de aprendizagem.

Figura 4 – Modelo de *storyboard*

GRUPO UNINTER		
Objetos de Aprendizagem		
Título do projeto: Criação de notas		
Área: Educação		
Aluno: Projeto		
Subtema: rota de aprendizagem 05		
Storyboard		Tela nº:
Título da tela: citação		
Link	Nº da tela destino	Título da tela destino
Texto		
Figuras/sons/vídeos/efeitos		

Observação:

Normalmente, o preenchimento do *storyboard* envolve o trabalho conjunto entre docente, *designer* e técnicos informativos nas equipes multidisciplinares.

9.4 Os roteiros e os OA

Da mesma maneira que os *storyboards*, as atividades de roteirização surgem nas pranchetas dos projetistas e *designers* gráficos. Elas passam a fazer parte da cultura e da vivência do docente, no sentido de ressignificar os conteúdos e de criar formas de apresentar os conhecimentos – não mais de maneira pronta e acabada, mas com a visão diferenciada da reconstrução. Em outras palavras, significa aprender do mais simples para o mais complexo.

Em muitos casos, o descontentamento dos alunos com as maneiras tradicionais de ensino-aprendizagem reflete em suas formações acadêmicas. Como resultado, os egressos não conseguem atender às exigências e necessidades do mercado, o que, muitas vezes, faz com que este tenha de formar novamente esses mesmos profissionais. Nesse sentido, a roteirização tem o intuito de despertar no aluno a motivação e o interesse para que, apoiado na mediação tecnológica e no desenvolvimento de atividades colaborativas em grupo, ele tenha uma participação mais ativa e, assim, recupere o senso crítico e a criatividade.

Quando é empregado o termo *estratégia educacional* para denominar o conjunto de ações que serão executadas para atingir um determinado objetivo, justifica-se o uso de todo o arsenal disponível (considerando como *arsenal* as ferramentas educacionais existentes no ambiente: o áudio, o vídeo, a realidade virtual, as abordagens pedagógicas, entre outras). O propósito é o de estimular o aluno a praticar o estudo independente, ainda que apoiado em um processo de conversação didaticamente guiada com o docente ou com tutores e orientadores – dependendo do tipo de cenário de trabalho (Holmberg, 1986).

A roteirização possibilita ao processo educativo uma dinâmica que permite ao aluno entrar em contato com o conteúdo para, em uma etapa posterior, desenvolver o processo necessário à aprendizagem, que é incentivada pelas atividades. Estas levam o discente a interagir de forma orientada no ambiente virtual de aprendizagem.

A interatividade desempenha um papel fundamental na estratégia educacional adotada e deve ser dirigida não de forma econômica, mas de forma funcional. É necessário que seja intensiva, que sua proposta esteja diretamente ligada à compreensão dos conteúdos e que produza resultados significativos para o aluno; caso contrário, ela se torna apenas uma sobrecarga laboral ou cognitiva.

Aos poucos, o aluno que efetua a aprendizagem independente adquire o costume de aumentar o tempo de estudo, o que ocorre mais facilmente se houver atividades especificamente projetadas para essa finalidade, em tempo de roteirização.

> A interatividade é uma das principais qualidades que um OA pode apresentar, principalmente quando é projetado para uso livre na internet e disponibilizado para uma comunidade de usuários que desenvolvem atividades de estudo independente. Ela é uma das responsáveis pela manutenção do interesse do aluno e, consequentemente, pode facilitar que os objetivos dos OA sejam atingidos.

Um OA pode representar parte do conteúdo de uma aula, uma aula completa ou mais de uma aula. Algumas vezes, o roteiro do OA pode ser estabelecido durante as atividades de construção das rotas de aprendizagem dos SGCA, no qual cada etapa pode ser colocada como um passo na construção da rota, não importando como ou onde essa rota venha a ser aplicada.

Blogs

Capítulo 10

Ideias pedagógicas

Diversas ideias pedagógicas pontuais podem direcionar o desenvolvimento de um Objeto de Aprendizagem (OA), seja na forma de abordagem, seja no desenvolvimento de atividades independentes ou de estudos em grupo. O mais normal é a construção, com essas ideias, de um mosaico que, às vezes, substitui com vantagem uma abordagem única e uniforme no desenvolvimento dos objetos das rotas que orientam o estudo de algum conteúdo particular.

10.1 As teorias de aprendizagem e os OA

Algumas ressalvas são comumente feitas pelos docentes quando observado que o "desenvolvimento" dos OA evita considerações sobre teorias de aprendizagem ou abordagens derivadas. No momento em que os OA estão sendo escolhidos, o docente que desenvolve o processo se preocupa basicamente em dividir as ideias complexas em conceitos simples, de uma forma geral.

A preocupação com as teorias da aprendizagem e com as ideias pedagógicas ressurge em etapas posteriores à escolha dos conteúdos, à adaptação à linguagem dos meios e às formas de utilização dos OA. Assim, ao final do processo, os OA produzidos representam uma informação ou um conhecimento, ou uma pequena parte destes, o que vai permitir a reconstrução da ideia complexa da qual derivaram.

As teorias de aprendizagem (construtivismo) e as ideias pedagógicas (aprendizagem independente) são utilizadas para a construção de OA de melhor qualidade. As teorias e ideias mais recomendadas, como resultado da observação empírica da ação e da prática profissionais, são questionadas por alguns e serão apresentadas como parte integrante dos estudos referentes aos questionamentos didáticos e pedagógicos. O tratamento da andragogia, o uso da aprendizagem baseada em problemas, a abordagem do trabalho em grupos, o trabalho colaborativo, a inteligência coletiva e o uso da visão sociointeracionista são temas apresentados com detalhes.

Como foi alertado anteriormente, as discussões sobre esses temas podem não estar diretamente relacionadas com o estudo dos OA ou com o uso da mediação tecnológica e de outras ideias pedagógicas. Elas ocorrem pela compreensão de que a tecnologia isolada, sem a visão de um tratamento didático e pedagógico, não tem sentido. Por conta disso, não podemos assumir uma visão tecnocrática, que abdica da visão humanística necessária ao processo de ensino-aprendizagem.

Ao concluir as colocações sobre as questões de teorias de aprendizagem, as ideias pedagógicas e as abordagens do processo, surge a seguinte pergunta: Qual a melhor teoria, ideia ou abordagem sugerida?

A resposta não é conclusiva, mas não foge de uma orientação que sugere os fatores apresentados a seguir:

- A aprendizagem independente.
- A aprendizagem colaborativa, desenvolvida em grupo.
- O aproveitamento da "inteligência coletiva" (Lévy, 1999b).
- A abordagem da aprendizagem baseada em problemas.
- A aplicação da teoria da integração social (Holmberg, 1986), que pode ser considerada a mais indicada para o perfil do ensino-aprendizagem assistencialista que é oferecido para a nossa população, com o uso consequente da conversação didaticamente guiada.
- A aplicação dos fundamentos da pedagogia diferenciada, que congrega partes de outras teorias e cuja principal apropriação para o nosso estudo é a proposta de respeitar as características pessoais e o ritmo individual de cada aluno, o que pode ser alcaçado por meio dos OA.
- O uso de ideias pedagógicas diferenciadas, tais como o aprender a aprender; o aprender pela pesquisa; o aprender fazendo; o aprender pelo erro.
- O uso da teoria das inteligências múltiplas (Gardner, 1993).
- O uso da inteligência emocional (Goleman, 1996).

Como podemos observar, são fatores e ideias que se somam e potencializam as atividades de ensino-aprendizagem e as teorias que as sustentam. Ambas podem ser utilizadas de forma simultânea e, assim, formar um mosaico que melhora a qualidade do todo. Além disso, também podem ser utilizadas de forma esparsa, quando as características de uma determinada parte do processo assim o recomendar.

> **saiba +**
>
> A importância desse assunto justifica um complemento para este estudo. Realize uma pesquisa na internet com as seguintes palavras-chaves: *teorias de aprendizagem* e *ideias pedagógicas*.

10.2 A andragogia e os OA

O uso de diversas teorias e ideias pedagógicas, em sua totalidade ou em recortes, é comum no desenvolvimento dos OA. Entre essas ideias – considerando que, na maior parte desses ambientes, o público-alvo é composto por jovens e adultos –, é interessante conhecer fundamentos da andragogia, fato que pode direcionar para a produção de materiais mais adequados e de acordo com a realidade dos participantes.

As formas de efetivação da andragogia e da pedagogia são claramente diferenciadas. Knowles (1993) considera que a sua teoria da andragogia pode ser resumida em **cinco aspectos fundamentais** no que se refere aos **adultos**:

1. São autodirecionados, em oposição à dependência apresentada nas séries iniciais.
2. Trazem, para os ambientes de ensino-aprendizagem, uma larga experiência de vida, que pode ser utilizada como recurso vantajoso e muito útil, particularmente nos grupos de aprendizagem.
3. Aprendem com base em seu comportamento social e sua profissão.
4. Querem aplicação imediata dos conhecimentos que adquirem.
5. São menos centrados na aprendizagem de assuntos, estão mais interessados em desenvolver trabalhos na perspectiva da solução de problemas.

> O estudo da andragogia é um dos pontos importantes no desenvolvimento do processo de formação permanente e continuada. Procure saber mais no *site* ANDRAGOGY.net[1], onde o estudo é bem mais completo.

Ao desenvolver um OA, o projetista – dependendo do público-alvo ou do grau de flexibilidade pretendido – deve atentar para as considerações de Knowles (1993). Levando-se em conta que, no público adulto, há mais diversidade do que uniformidade e que cada um (ou cada grupo formado por indivíduos que apresentam características semelhantes) aprende de um jeito particular, os OA se revelam uma tecnologia especialmente atraente, por causa da flexibilidade que apresentam.

Os ambientes enriquecidos com a tecnologia são centrados no aluno e o orientam para o desenvolvimento da aprendizagem independente, o que exige que o discente tenha o cuidado de verificar se a sua forma de aprender é adequada a eles.

Os OA apontam em seus metadados o nível de sistema educacional (fundamental, médio ou superior) ao qual se dirigem. Também trazem orientações sobre o seu desenvolvimento pelos alunos, com o propósito de facilitar o uso de um objeto particular.

Em sua criação, o OA é, dentro do grau de granularidade, independente do contexto em medida variável. O docente, ao utilizar o OA, pode trazê-lo novamente ao contexto que deseja.

Para facilitar o uso dos OA, Redden (2003) efetua algumas considerações de interesse:

- Conhecer quem são os alunos ou, pelo menos, grosso modo, o grupo social ao qual pertencem; saber quais são seus interesses, motivações e razões para estarem participando de um curso com essas determinadas características.
- Encorajar discussões no ambiente *on-line* sobre as experiências de vida de cada um.

---

1 Acesse: <http://www.andragogy.net>.

- Encorajar os alunos a identificarem como um tópico de estudo teórico se aplica na prática e como este pode ser relacionado a outros assuntos de seu interesse.
- Desenvolver questionamentos que exijam pensamento de alto nível, com a intenção de integrar o que os alunos aprendem com o que já sabem sobre sua ação e prática profissional.
- Permitir flexibilidade na solução dos problemas, dos projetos e das aplicações, para que os alunos possam demonstrar e utilizar o conhecimento que já trazem consigo.
- Assegurar suporte e retorno, mas destacar que estes nem sempre estarão disponíveis. Isso deverá incentivar a participação em grupo e a aprendizagem independente.
- Examinar o progresso individual e o grau de satisfação com o direcionamento das atividades. Verificar, também, se há algum participante específico que necessita de ajuda.

Todas essas tarefas são fáceis de desenvolver, mas exigem observação constante e vontade de auxiliar os participantes e de colaborar com o seu processo de aprendizado. Isso se torna impraticável quando o número de alunos que são acompanhados por um docente, tutor ou orientador acadêmico excede a quantidade razoável. Nesses casos, o grau de acompanhamento diminui e, sem que alguma ferramenta tecnológica seja desenvolvida, torna-se cada vez menos possível atingir tais objetivos com a certeza plena de que existe funcionalidade nessas tarefas (Redden, 2003).

> **diálogo**
> Um cuidado que precisa ser tomado, em qualquer ambiente de educação, é o de não desconsiderar os conhecimentos que os alunos trazem de suas vidas pessoais e profissionais.

Com base nas considerações a respeito do uso da andragogia nos ambientes enriquecidos com a tecnologia, uma das principais providências é convencer os usuários (docentes e discentes) sobre a importância do uso de seus fundamentos e princípios.

10.3 A aprendizagem fundamentada na resolução de problemas e os OA

Ao longo deste livro, destacamos o uso de ambientes centrados no aluno. Anteriormente, tratamos sobre como a andragogia pode ser um suporte ao ambiente. Quando há a presença dessas características, o uso da aprendizagem fundamentada na resolução de problemas é mais uma ideia pedagógica que pode apresentar bons resultados – essa é uma abordagem desenvolvida e largamente disseminada pelo Illinois Mathematics and Science Academy, da Universidade de Massachusetts, nos Estados Unidos.

> **saiba +**
>
> Visite o *site* do Illinois Mathematics and Science Academy (IMSA)[2]. Lá você poderá encontrar não somente os fundamentos da aprendizagem baseada em problemas, mas também dos OA.

Conforme os estudos desses pesquisadores, a aprendizagem fundamentada na resolução de problemas dá destaque ao estímulo do desenvolvimento da aprendizagem colaborativa. Esse tipo de aprendizagem orienta o docente a formar pequenos grupos de estudo e exige que ele desempenhe um elevado grau de participação. Nela, busca-se também que cada um dos membros possa se sentir responsável pela formação do grupo como um todo, relacionando esse fato à sua própria formação. Isso deve motivar o estudante a desempenhar uma prática e uma ação mais ativas no ambiente.

A aprendizagem baseada em problemas é adequada ao processo de ensino-aprendizagem nos ambientes enriquecidos com a tecnologia, com destaque nos cenários semipresenciais e não presenciais. Ela tem uma forte característica colaborativa, na qual a meritocracia tem um valor diferenciado e incluído no processo de avaliação.

---

2   Acesse: <http://www.imsa.edu>.

diálogo

No AVA, é sugerida a criação de grupos de estudos como forma de manter o interesse do aluno mais ativo. Os grupos sugerem as formas de colaboração que efetivarão e esta é avaliada de forma meritocrática, ou seja, são avaliados a participação, o interesse e a colaboração desinteressada do indivíduo em favor do grupo.

Vista sob essa ótica, a aprendizagem fundamentada na resolução de problemas parece ter chances de potencializar o uso dos OA. Os problemas colocados para os alunos não são absolutamente especificados, ou seja, são abertos e admitem soluções diversificadas e com funcionalidade em contextos diferenciados. A atuação do docente como *coach*, ou como facilitador e guia, sugere mapear o problema conceitualmente e criar pequenos OA (em grau de complexidade crescente), que serão estudados para se chegar à solução por meio da adoção de uma estratégia educacional específica.

Essa abordagem está de acordo com os princípios da andragogia, pois nela se considera que, em muitos casos, as experiências de vida dos participantes são utilizadas para encontrar a solução do problema. Isso vai de encontro à orientação de motivação à aprendizagem independente, pois, além da autonomia na escolha da estratégia e dos recursos, as tarefas que precisam ser executadas são divididas entre os participantes.

Essa linha de raciocínio é seguida em muitas instituições de ensino norte-americanas e europeias, que a utilizam como fio condutor da produção de materiais e da determinação dos procedimentos didático-pedagógicos, principalmente em conjunto com outra ideia pedagógica considerada eficaz: a aprendizagem baseada em problemas (ABP), também conhecida como pedagogia de projetos. A ABP apresenta os seguintes requisitos:

- Aquisição de determinados conhecimentos críticos.
- Capacidade de solução de problemas (senso crítico e criatividade).
- Estratégias voltadas para a efetivação da aprendizagem independente.
- Capacidade de participação em equipes de trabalho de forma atuante e colaborativa.

O problema reproduz situações aproximadas àquelas que o profissional encontra em seu cotidiano e que são centradas na área de conhecimento em que o aluno está situado. De forma geral, o que se destaca é o aumento significativo da participação dos alunos. O sucesso obtido com a participação e a interação destes, em diversas iniciativas de cursos oferecidos nos ambientes enriquecidos com a tecnologia, permite considerar que a soma da aprendizagem fundamentada na resolução de problemas com teorias de aprendizagem e outras ideias pedagógicas se mostra adequada ao trabalho com os OA.

Willey (2000) aponta que muitas das definições canônicas dos OA insistem, de forma explícita, no uso extensivo da mediação tecnológica e suas ferramentas, de modo a permitir a utilização de diferentes estratégias de aprendizagem para que os objetos construídos com elas permitam chegar ao nível de individualização das orientações a um aluno em particular. Essas estratégias atendem a objetivos específicos e independem do contexto, de modo que podem ser reutilizadas.

Esse autor pontua que a aprendizagem baseada em problemas apresenta outra forma de pensar os OA. Ele considera que os alunos são apresentados a um problema – ou a um projeto – que devem solucionar e que pode ser tanto uma ideia complexa (que deve ser dividida em conceitos mais simplificados) quanto orientações para a solução de etapas da estratégia que foi estabelecida quando a solução do problema, como um todo, foi analisada (Wiley, 2000).

Nos ambientes tradicionais de ensino-aprendizagem, os recursos partem de leituras e de materiais obtidos em localidades dispersas na rede (que podem ser OA disponíveis em ROA), os quais podem ser utilizados para a solução de um problema. Dessa forma, fica fácil perceber o interesse do uso da aprendizagem baseada em problemas na criação dos OA.

10.4 A pedagogia diferenciada e os OA

A diversidade cultural está presente no ambiente em rede. Por meio de qualquer computador interligado, em qualquer local do mundo, pode-se entrar em contato com pessoas de localidades geográficas diferentes. Não é necessário pensar em cenários internacionais, pois nosso país tem dimensões continentais e uma pluralidade de contextos que abrange uma rica diversidade cultural.

Os estilos de aprendizagem são diversificados, as inteligências múltiplas têm implicações pedagógicas que podem conduzir a preferências diferenciadas no modo de aprender, de acordo com o enquadramento do aluno em uma inteligência ou em uma combinação delas (Gardner, 1993). As considerações sobre inteligência emocional e sua influência no processo de ensino-aprendizagem (Goleman, 1996) completam um quadro no qual é possível questionar a existência de uma teoria de aprendizagem que possa ser aplicada de forma geral a todos os alunos dos ambientes enriquecidos com a tecnologia.

Muitos docentes enxergam na independência do aluno e na possibilidade de diferentes apresentações de um mesmo conteúdo uma forma de diminuir o problema, com o aluno assumindo parte da responsabilidade por sua aprendizagem – o que pode melhorar seu senso crítico e sua criatividade. Com base nisso, partem para o suporte da pedagogia diferenciada.

Nesse panorama, a flexibilidade dos OA pode e parece assumir lugar de destaque, como uma das soluções para um atendimento mais personalizado ao aluno. Quando levamos em conta as propostas da pedagogia diferenciada, o que podemos considerar como "classe diferenciada" tem as seguintes características (Pedagogia Diferenciada, 2003):

- O ponto de partida do PPP, que acaba influenciando o PI, é o estudo das diferenças que existem entre cada um dos alunos.
- A avaliação é contínua, prognóstica e diagnóstica, com a intenção e o propósito de adaptar o ensino às necessidades dos alunos.
- As atividades e apresentações de um mesmo conteúdo são diferenciadas e atendem às características das inteligências múltiplas.
- A excelência do curso é definida com base na evolução individual do aluno em relação ao estágio anterior de conhecimento que ele já tinha adquirido.
- Os alunos são orientados a fazer escolhas de estratégias de estudo que tenham base nos seus próprios interesses e que se adéquem à significância que esses temas assumem nos aspectos pessoal e profissional de suas vidas.
- Os conteúdos são ofertados para diferentes perfis de aprendizagem.
- São utilizadas instruções e orientações profusas e diversificadas.
- O estudo leva em conta a disponibilidade, os interesses e o perfil de cada aluno.

- A aprendizagem é centrada na utilização das capacidades, que são essenciais para a valorização e a compreensão dos conceitos e dos princípios de base de sustentação teórica.
- As tarefas propostas são apresentadas com várias opções.
- O tempo gasto é gerido de maneira flexível, de acordo com as necessidades dos alunos.
- Materiais diversificados são oferecidos aos alunos em múltiplos meios.
- É comum que haja procura por interpretações diferenciadas das ideias – ou dos acontecimentos – e que isso seja valorizado de forma também diferenciada.
- Cabe aos docentes a responsabilidade pela formação do discente, da mesma forma como este é responsável por desenvolver sua própria capacidade de aprendizagem independente, que é a primeira necessidade dos estudos que ocorrem em ambientes enriquecidos com a tecnologia.
- É necessária a orientação para que os alunos, incluindo os que pertencem a diferentes grupos, auxiliem-se na resolução de problemas aproximados àqueles que irão vivenciar em suas vidas profissionais.
- A definição dos objetivos de aprendizagem em nível individual, em nível de grupo e em nível geral é estabelecida, conjuntamente, por professor e alunos.
- Os alunos são avaliados de maneira diferenciada.

As recomendações adotadas para a pedagogia diferenciada apresentam grande similaridade com as que são propostas para a construção e o uso dos OA. Isso orienta a inclusão destes como partes integrantes das reuniões e dos cursos voltados para o nivelamento dos usuários – ou futuros usuários – dessa tecnologia educacional e como forma de aprofundar as pesquisas nesse campo da aplicabilidade da pedagogia diferenciada. A ideia não é oferecer uma visão simplista de utilização esporádica de algum de seus conceitos, mas uma integração direta entre as tecnologias indicadas.

saiba +

As universidades abertas portuguesas e diversas outras instituições europeias fazem uso da pedagogia diferenciada, da aprendizagem fundamentada em problemas e dos OA. Consulte Pozo (1999) para saber mais sobre esse assunto.

10.5 Aprendizagem colaborativa e os OA

As abordagens da pedagogia diferenciada, o uso da aprendizagem baseada em problemas, a aprendizagem significativa para o aluno, a centralização do processo na sua figura, os novos comportamentos por parte do docente e do discente são orientações adotadas exatamente com o objetivo de criar motivação para que a participação do aluno seja cada vez mais ativa. Quando os estudantes trabalham em pequenos grupos, estão envolvidos na solução de problemas – que levam em consideração as experiências de vida que já tiveram e o ritmo de aprendizagem de cada um – e têm suas formas de constituir conhecimento atendidas, sentem-se pertencentes ao ambiente e parecem aprender melhor os conteúdos do que em ambientes que não apresentam tais características. Isso confirma a teoria da interação social (Holmberg, 1986).

A internet e as mídias sociais possibilitam que as pessoas se encontrem em um espaço comum, independentemente de tempo e distância, e também que sejam trocadas informações de cunho significativo, o que incentiva a criação de novas formas de ensinar e aprender. Davidson (1990) desenvolve diversas experiências no ensino de matemática e considera que a inexistência de contatos verbais seja uma grande dificuldade que deve ser superada. Ele propõe preencher essa lacuna com a formação de pequenos grupos de aprendizagem em rede, apresentando os seguintes aspectos como grandes vantagens desse tipo de aprendizagem:

- Os grupos estabelecem um "mecanismo social de apoio" aos seus membros – os alunos perderiam a inibição em fazer perguntas elementares ao fazê-las para seus colegas.
- Esse "mecanismo social de apoio" possibilita uma discussão, que facilita a fixação e o reforço de conceitos.
- Os problemas em matemática, muitas vezes, possuem mais de uma forma de resolução. A aprendizagem em grupo possibilitaria a verificação de mais de uma forma de solução pelos alunos.
- Os alunos podem ser apresentados a problemas mais sofisticados, que não seriam adequados às restrições de sala de aula por falta de tempo, de laboratórios de pesquisa ou pela impossibilidade de suporte individual.

Assim, observa-se um maior grau de satisfação dos alunos envolvidos nas atividades do grupo: eles se sentem mais apoiados pelos colegas em suas dificuldades, de forma mais sensível do que com os esclarecimentos dados pelo docente.

> **estudos**
>
> A base teórica e as justificativas para a aprendizagem em grupo têm respaldo em fundamentos psicológicos. Para que você compreenda melhor a importância e aproveite a utilização desse recurso, desenvolva uma pesquisa sobre o tema em diversas universidades, buscando como pesquisa o termo *psicological aspects of group learning*. Você vai obter um grande número de localidades. Escolha as que seu senso crítico indicar como melhores e monte seu material de estudo.

A comunicação entre os grupos pode ser efetuada de forma síncrona (salas de conversação, teleconferências, videoconferências etc.) ou assíncrona (*e-mail*, fórum etc.), o que significa não haver uma mediação direta, mas um acompanhamento para a correção de erros de percurso ou de desvios das rotas previamente traçadas pelo docente, em consonância com os alunos participantes, ou de roteiros traçados pelos próprios estudantes. Você mesmo já deve ter participado de experiências que permitem confirmar essas colocações.

As abordagens que orientam para a solução de problemas e para o uso da pedagogia diferenciada parecem ter campo fértil na formação de grupos. O uso de OA é proposto para o desenvolvimento de sequências que são determinadas, específicas, didaticamente orientadas e que têm como característica um elevado grau de flexibilidade, o que permite mudanças de percurso. Além disso, parece compor um quadro favorável que incentiva a motivação e a participação do aluno no processo de ensino-aprendizagem nos ambientes enriquecidos com a tecnologia.

Os grupos podem ser informais, montados ao acaso por alunos que navegam na rede e encontram algum interesse comum. Apesar de não estarem ligados a cursos de estrutura específica, eles aumentam de forma exponencial na rede. Já aqueles ligados a cursos específicos são considerados grupos formais.

Os grupos formais são montados para o desenvolvimento de uma determinada tarefa ou para a solução de um determinado problema. Esses grupos podem ser fixos ou móveis durante o tempo de desenvolvimento de alguma proposta educacional para a qual se prevê um término. Em sua formação, conforme a proposta e os objetivos do processo, podem ser aproveitadas características de aproximação cognitiva ou regional dos participantes do grupo, ou, propositadamente, de características multiculturais, situação definida em nível de PI, mas mantida flexível para eventual necessidade de recomposição dos grupos. Como regra geral, são montados grupos fixos e que tenham proximidade geográfica, para favorecer a possibilidade de encontros presenciais e reforçar laços de relacionamento.

As ideias pedagógicas que foram comentadas até agora demonstram ser, de forma isolada ou conjunta, potentes e inestimáveis auxiliares e colaboradoras para o sucesso que se observa em algumas iniciativas. Ao serem formados os grupos (tanto os formais quanto os informais), algumas atitudes são adotadas para auxiliar a compreensão dos direitos e deveres de cada um dos participantes e das regras gerais que devem ser atendidas. Algumas medidas têm se demonstrado na funcionalidade dos grupos e na gestão de conflitos, quais sejam:

- Definir, de forma clara, os objetivos parciais e finais, com a demarcação das datas limite para finalização de todas as atividades.
- Explicar detalhadamente como o grupo atuará na solução de problemas e como trabalhará de forma independente, com autonomia progressiva em relação ao atendimento do docente ou dos tutores.
- Explicar detalhadamente como serão os processos de avaliação e de gestão de conflitos no interior do grupo.
- Apresentar as ferramentas que serão utilizadas ou solicitar ao grupo que escolha livremente aquelas que preferir.
- Sugerir, de uma forma flexível (para que exista a possibilidade de a escolha ser alterada pelo grupo), um conjunto de materiais didáticos (textos, *links*, OA etc.) que sejam suficientes à aquisição do conhecimento necessário para a solução do problema.
- Destacar a interdependência dos elementos do grupo, para que fique claro que cada aluno é responsável pelo sucesso do trabalho de todos e que as tarefas devem ser divididas entre os participantes de acordo com o conhecimento que cada um adquiriu em sua vida pessoal e profissional.
- Uma regra geral a respeitar, para facilitar o controle das atividades e a dispersão dos trabalhos, é formar grupos de três a cinco participantes, com nível

cognitivo similar, a fim de que o grupo seja harmônico. Como incentivo ao aumento progressivo da independência do grupo, a intervenção do docente só deve ocorrer quando solicitada ou para efetuar a gestão de conflitos, que se apoia nos estudos da inteligência emocional (Goleman, 1996).

> Observe que a utilização de grupos apresenta uma série de vantagens que devem ser aproveitadas na definição do PI e, preferencialmente, em conjunto com a aprendizagem baseada em problemas. São abordagens que se complementam e se potencializam.

diálogo

Blanche (2006) considera que a existência de repositórios de dados, que são disponíveis de forma *on-line*, pode ser um elemento importante para as atividades de aprendizagem colaborativa desenvolvidas em grupo. O repositório *The collaborative learning environment project* – criado pelo departamento de Psicologia, sob a gestão de Blanche – foi formado pelos relatórios produzidos por seus participantes, ainda na forma de artigos textuais. Porém, na continuidade do processo, em uma etapa posterior, os relatórios devem vir a compor jornais de artigos científicos, como disseminação de novos e importantes conhecimentos, disponíveis para toda a comunidade acadêmica.

O uso dos OA, apoiado pela tecnologia da orientação a objetos, pode permitir uma sensível ampliação no objetivo desse e de outros projetos similares. Esses projetos ainda se restringem a apresentações e a materiais textuais. Eventualmente, eles incluem a multimídia e a hipermídia, ainda sem roteirização adequada e sem o PPP, importando-as apenas por seus aspectos lúdicos. Esses repositórios ainda apresentam deficiências para atuar como bibliotecas virtuais de relevância significativa na internet.

Como podemos ver na Figura 6, os ROA apresentam mecanismos que facilitam a organização e a reutilização de cenários de aprendizagem colaborativa, com o uso de metadados e ontologias (Verdejo et al., 2002).

Figura 5 Repositórios de Objetos de Aprendizagem (ROAs)

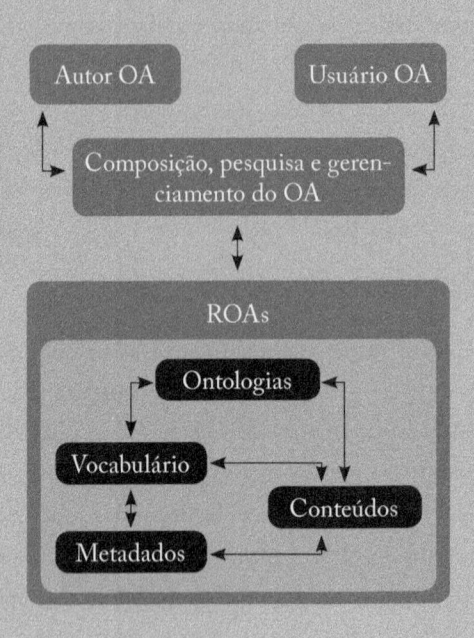

```
         Autor OA              Usuário OA
            ↑                       ↑
            └──→ Composição, pesquisa e geren- ←──┘
                      ciamento do OA
                            ↕
                   ┌─────────────────────┐
                   │        ROAs         │
                   │   ┌─────────────┐   │
                   │   │  Ontologias │   │
                   │   └─────────────┘   │
                   │    ↓      ↑         │
                   │ Vocabulário ←→      │
                   │    ↕         Conteúdos
                   │ Metadados ←──       │
                   └─────────────────────┘
```

Para completar, em um ambiente adequado, é importante o uso das abordagens diferenciadas em relação às atividades de ensino-aprendizagem, que representam ideias pedagógicas para auxiliar o uso de cenários previamente estabelecidos, sobre os quais os usuários podem resolver problemas propostos em ordem de dificuldade crescente.

O que você viu sobre a integração entre os OA e a aprendizagem colaborativa pode não ser uma realidade genérica. Em alguns casos, faltam estudos sobre as suas vantagens, mas as colocações abordadas neste capítulo apresentam e representam uma antevisão daquilo que precisa ser feito no futuro, sempre com a intenção de proporcionar o aumento de recursos para o desenvolvimento da atividade de ensino-aprendizagem nos ambientes enriquecidos com a tecnologia.

10.6 O sociointeracionismo e os OA

Para que o desenvolvimento de um OA possa atingir a independência do contexto, a determinação deste não é, normalmente, ligada a uma teoria de aprendizagem ou a uma ideia pedagógica específica. O que ocorre durante a utilização do referido objeto é a aplicação de algumas teorias e de algumas ideias pedagógicas (ou de uma combinação sinérgica delas).

O sociointeracionismo foi colocado pelos próprios usuários das primeiras experiências como uma das ideias pedagógicas, e acabou se incorporando a esse material como uma teoria de aprendizagem completa, da qual foram retiradas algumas considerações, que foram transformadas em ideias pedagógicas. Estas podem, por suas características, ter plena aplicação, principalmente no que diz respeito às atividades de incentivo à participação do aluno no ambiente.

Assim, apresentaremos aqui a proposta não da teoria como um todo, mas dos seus principais cânones – como suporte prático e teórico de diversas orientações contidas neste livro, ainda que de forma prescritiva.

> **saiba +**
>
> O sociointeracionismo é um corpo teórico completo, considerado uma teoria de aprendizagem. Utilize o seu mecanismo de busca para pesquisar sobre o assunto. Consulte a obra de Oliveira et al. (2004), *O processo de aprendizagem em uma perspectiva sociointeracionista*, indicada nas referências, para aprofundar seus conhecimentos.

Segundo Oliveira et al. (2004), a concepção sociointeracionista concebe a aprendizagem como um fenômeno que se realiza na interação com o "outro". Esses autores se apoiam na teoria de Vigotsky para afirmar que consideram que "a aprendizagem acontece por meio da internalização, com base em um processo anterior, de troca, que possui dimensão coletiva, que toma corpo somente quando o sujeito interage com objetos e sujeitos em cooperação" (Vigotsky, citado por Oliveira et al., 2004).

diálogo Observe a importância da teoria sociointeracionista e o casamento desta com a proposta de interação, que é considerada imprescindível, necessária e suficiente somente se possibilitar ao usuário interagir com o objeto estudado. É com base nesse fato que muitos usuários dos cursos sugeriram a inclusão dessa teoria como material de estudo a ser considerado.

O conceito continua válido e forte quando é aplicado como complemento à andragogia – teoria que trata da forma como o adulto aprende. Isso ocorre porque as ações de interação são conscientes e voluntárias, geralmente desenvolvidas durante a solução de problemas, e porque os problemas são propostos por meio de contextos criados com a utilização de uma sequência previamente determinada e desenvolvida em grupo, de forma colaborativa.

O processo de desenvolvimento cognitivo está centrado na possibilidade de o sujeito ser constantemente colocado em "situações-problema", que provocam a construção de conhecimentos e conceitos, ou seja, o sujeito necessita usar os conhecimentos que já tem consolidados e que serão desestabilizados por novas informações, as quais serão processadas e estabelecidas em relação com os outros conhecimentos, de outros sujeitos, num processo de interação, para, então, serem consolidadas como um novo conhecimento (Oliveira et al., 2004).

Esse processo é considerado o ideal, porque integra diversas abordagens com os OA. Para incentivar a participação e a motivação do aluno e o desenvolvimento de trabalhos colaborativos, conforme observado e relatado anteriormente, a tendência é que o trabalho nos ambientes enriquecidos com tecnologia sejam facilitados.

O estudo dos fundamentos e princípios do sociointeracionismo e a sua utilização como elemento motivador permitem, durante o processo de escolha de candidatos a OA, na fase de desenho dos mapas conceituais, apresentar mais um elemento de sustentação teórica. Assim, o projetista instrucional pode propor a criação de cenários interativos em alta escala, mas que preservam o usuário de sobrecarga laboral ou cognitiva. Eles podem propor ou conter ideias simples ou complexas e exigir a sequência de diversos objetos para compreensão do conceito.

Nesse contexto, o objetivo de orientar os alunos para que criem maneiras individuais de construir conhecimentos continua válido diante do uso da mediação tecnológica e da combinação das ferramentas tecnológicas, utilizadas em conjunto com diferentes abordagens (teorias de aprendizagem e/ou recortes tidos como ideias pedagógicas). Isso deve ocorrer mediante processos de elaboração e construção de novos conhecimentos que incentivem a crítica e a criatividade – competências fundamentais não somente para o trabalho nos ambientes enriquecidos com a tecnologia, mas também para o profissional da sociedade contemporânea.

Os SGCA estão em constante evolução e dão prioridade ao processo de comunicação multidirecional e de interação, o que facilita ainda mais a aplicação de uma visão sociointeracionista na participação dos usuários.

10.7 As ideias pedagógicas e os OA

As ideias pedagógicas mais importantes para os ambientes enriquecidos com a tecnologia são as formas de aprender, as aprendizagens e as inteligências. Esses conceitos são utilizados de forma esporádica ou conjunta em uma determinada proposta como estratégia educacional. Todas elas são colocadas no sentido de facilitar a "efetivação da teoria na prática" – um dos objetivos do PI para que o processo de ensino-aprendizagem tenha a maior qualidade possível.

Especificando as ideias pedagógicas destacadas, as mais utilizadas formas de aprender são:
- O aprender a aprender.
- O aprender pela pesquisa.
- O aprender fazendo.
- O aprender pelo erro.

Entre as aprendizagens, são destacadas:
- A aprendizagem em grupo.
- A aprendizagem colaborativa.
- A aprendizagem com base em problemas.
- A aprendizagem significativa.

- A aprendizagem independente.

Com relação às inteligências, nos interessam:
- As inteligências múltiplas.
- A inteligência emocional.
- A inteligência coletiva.

Esses conceitos já foram apresentados no decorrer do livro, mas em contextos e visões diferenciados, o que recomenda uma visão conjunta, apresentada como um todo. Independentemente do nível de trabalho que desenvolvam nos ambientes enriquecidos com a tecnologia, uma das responsabilidades comum a todos os usuários é o aprender a aprender.

O fato leva em conta o elevado volume de informações disponíveis na internet, a obsolescência rápida de conhecimentos relativamente recentes e o aparecimento de novos conhecimentos. Isso exige que o usuário desenvolva formas de aprender em meio a esse enorme emaranhado, o que requer formas inovadoras de descobrir o fio da meada. Assim, criar formas diferenciadas de aprender pode representar um importante diferencial em uma sociedade que agilizou a velocidade de criação de novos conhecimentos de uma forma nunca vista.

O aprender pela pesquisa, por sua vez, forma o senso crítico, incentiva a busca de recursos para a solução de problemas e a criatividade – aspectos importantes para a criação de conhecimentos com base nas informações obtidas e no desenvolvimento da aprendizagem independente.

Já o aprender fazendo está diretamente relacionado a todas as outras formas de aprender, pois o usuário desenvolve novas formas de aprendizagem e de pesquisas para obter dados. Ao mesmo tempo em que desenvolve essas tarefas, efetiva o aprender pelo erro como resultado das experimentações que estão cada vez mais facilitadas. Isso porque, nos ambientes enriquecidos com a tecnologia, as simulações se tornam comuns e o uso e a imersão do aluno na realidade virtual abre novas possibilidades. A utilização conjunta das formas de aprender com os OA tem como resultado a potencialização destes e o aumento de sua funcionalidade, pois cria um ambiente no qual os usuários podem ressignificar o uso das tecnologias educacionais.

Além das formas de aprender e das ideias pedagógicas individuais, temos as abordagens do processo de aprendizagem, que surgem como consequência do posicionamento individual e do comprometimento dos usuários.

Dos diversos estilos ou abordagens do processo de aprendizagem, quatro se destacam. O desenvolvimento da aprendizagem em grupo se apresenta quase como uma imposição. Nos ambientes enriquecidos com a tecnologia, em muitas ocasiões, o usuário se depara com conceitos que lhe são desconhecidos, e buscar a resposta na rede é uma solução que pode ser utilizada. A contrapartida é comum, ou seja, o usuário pode atender a alguém que está com necessidades. Essa troca sem interesse de obtenção de vantagens faz prevalecer o conceito de meritocracia, vigente como forma de avaliação nos ambientes criados na rede mundial de comunicação.

A aprendizagem em grupo, sugerida no parágrafo anterior, pode atingir, caso seja bem direcionada, um nível de colaboração constante entre o mesmo grupo de pessoas. Dessa forma, ela se torna mais rica e se transforma na característica nomeada de *aprendizagem colaborativa*. A união dessas duas abordagens enriquece os resultados, uma vez que a aprendizagem colaborativa acaba por se tornar uma abordagem híbrida, o que proporciona um grau maior de eficiência na obtenção de resultados.

Uma terceira abordagem é a da aprendizagem baseada em problemas, também chamada de *pedagogia de projetos*. Essa abordagem orienta os alunos para que criem estratégias, busquem recursos e realizem trabalhos em grupo de forma colaborativa, o que acaba por potencializar – ou por ser potencializada por elas – diversas outras ideias pedagógicas, como, por exemplo, a aprendizagem significativa, que ocorre quando os problemas trabalhados nas atividades de ensino-aprendizagem são aproximados daqueles que o profissional enfrenta na vida real. As necessidades propostas por essas abordagens exigem um elevado grau de independência nos estudos do usuário dos ambientes enriquecidos com a tecnologia, ou seja, requerem a efetivação da aprendizagem independente.

Complementando as formas de aprender e os tipos de abordagem, é importante trabalhar no ambiente com outras ideias, que criem uma taxonomia para os tipos de inteligência. Ao olharmos com maior cuidado para os estudos sobre as inteligências coletivas (Gardner, 1993), podemos observar a necessidade de flexibilizar o ambiente, procurando respeitar as inteligências predominantes em grupos de alunos que têm características similares. O trabalho em grupos sugere um cuidado de gestão de conflitos, voltado à obtenção de um melhor resultado perante desafios ou na resolução de divergências, o que leva ao trabalho com os fundamentos da inteligência emocional (Goleman, 1996).

Outro conceito que não pode ser esquecido como ideia pedagógica nos ambientes enriquecidos com a tecnologia, mais especificamente na rede mundial de comunicações – a internet –, é a efetivação da inteligência coletiva. Esse fato orienta no sentido do trabalho em grupo e da aprendizagem colaborativa, que tendem a nivelar o conhecimento de pessoas com estágios iniciais diferenciados – que é, em essência, o conceito minimalista da inteligência coletiva.

As formas de aprender, as abordagens do processo educacional de acordo com as maneiras como os indivíduos aprendem e o uso das ideias pedagógicas que apresentam os diversos tipos de inteligência são complementos importantes no desenvolvimento dos OA, ainda que não sejam parte integrante do seu suporte técnico. Esse suporte, para os OA, envolve ideias tecnológicas complexas e que, normalmente, ficam a cargo de equipes técnicas, para montagem das bases de dados de suporte. A partir daí, equipes multidisciplinares procuram um casamento perfeito, difícil de se obter, entre a tecnologia e o didático-pedagógico.

Os conceitos e as ideias apresentados podem, se bem utilizados, potencializar a flexibilidade dos OA e possibilitar maior qualidade nos processos que os utilizem.

diálogo

A questão da ressignificação de aspectos didáticos e pedagógicos referentes ao comportamento dos usuários (docentes e discentes) depende diretamente da aceitação da intervenção da tecnologia, do uso da mediação tecnológica e, principalmente, do respeito ao outro e da compreensão dos frutos que o trabalho conjunto em todos os níveis pode trazer, independentemente da posição que o usuário ocupe. Dessa forma, sempre que os resultados da utilização dos OAs forem positivos, um maior número de especialistas pode diminuir a resistência à participação como criadores dos OAs e, assim, aumentar a qualidade e o volume de produção destes.

10.8 Os pilares da educação no século XXI e os OA

Delors (1999), ao produzir, em conjunto com uma série de outros pesquisadores, um relatório com conclusões sobre as necessidades educacionais para o século XXI, coloca quatro pilares para a educação do futuro: aprender a conhecer; aprender a fazer; aprender a viver juntos; aprender a ser.

Cada um desses itens desempenha um determinado nível de importância e de participação na melhoria das condições individuais de cada aluno para que o desenvolvimento de seus estudos seja mais completo – com a inclusão de aspectos humanísticos, que possibilitam a criação de produtos que ofereçam uma visão mais abrangente do que a do trabalho apoiado apenas em práticas e técnicas.

O aprender a conhecer nos fornece instrumentos da compreensão que nos ajudam a ressignificar práticas que melhoram o aproveitamento das técnicas, da tecnologia e da mediação tecnológica.

O aprender a fazer nos dá condições de atuar sobre o meio em que estamos incluídos. Dessa forma, tende a apoiar e a potencializar ideias pedagógicas específicas que, quando se somam, podem facilitar as ações dos usuários nos ambientes enriquecidos com tecnologia.

O aprender a viver juntos integra praticamente todas as ideias pedagógicas que foram apresentadas nesse estudo, por suas ações e consequências. Com isso, efetivam-se os trabalhos de cooperação e colaboração em todas as atividades humanas que, naturalmente, incluem as atividades de ensino-aprendizagem.

O aprender a ser desenvolve em nós a capacidade de "perceber" o outro, independentemente de sua cultura, e muda a forma como cada um se comporta em ambientes que reúnem pessoas com diferentes características. O objetivo é aprender para crescer social e profissionalmente, o que se torna possível com a efetivação das atividades de aprendizagem.

diálogo

É importante que o usuário compreenda essas "fugas" do tecnológico para uma visão holística. A introdução de visões sociais e humanísticas em trabalhos desenvolvidos com rigor acadêmico, em ambientes e assuntos que usam a mediação tecnológica, pode torná-los mais completos na abrangência e no alcance de seus resultados.

saiba +

Aprofunde seus conhecimentos e pesquise mais sobre as conclusões desenvolvidas na obra de Delors (1999) – *Educação, um tesouro a descobrir* – e na de Morin (2000) – *Os sete saberes necessários para a educação do futuro*.

Os questionamentos pedagógicos assinalados e respondidos neste capítulo se revelam mais importantes que os conhecimentos tecnológicos. Estes não deixam de ter importância, mas são superados pelo posicionamento didático e pedagógico fundamentado no interior de uma proposta humanista, que enxerga a educação como uma das formas para que o indivíduo aumente sua autoestima.

Ao concluir os estudos das questões didáticas e pedagógicas apresentadas pelos usuários durante os cursos de nivelamento, os temas que serão relacionados a seguir podem ser destacados como ideias que necessitam de comentários e/ou estudos complementares mais detalhados.

Estudos complementares

Tutoriais

São pequenos programas que apresentam ao usuário um conjunto de instituições que ensinam o "como fazer" de uma determinada tarefa.

PI

É um elemento que faz parte da estrutura educacional a ser desenvolvida nos ambientes enriquecidos com a tecnologia. É importante que ele seja conhecido em sua real dimensão, como um complemento ao PPP.

PPP — É a base para o desenvolvimento de um curso, mas é preciso compreender os limites de sua aplicação nos ambientes enriquecidos com a tecnologia quando desconsideram a sua presença.

Plano de curso — Indica qual a metodologia adotada, pois é um elemento que, ou complementa o PPP ou integra sua estrutura. Muitas vezes, é confundido com o PI, por descrever como o docente vai desenvolver a atividade de ensino nas diversas etapas do curso, em ambientes tradicionais.

Teoria na prática — A execução da "teoria na prática" tem a função de fixar os conhecimentos adquiridos pelo aluno e deve estar prevista no PPP ou no PI.

Ideias pedagógicas — São recomendações tidas como "melhores práticas" e provenientes das observações desenvolvidas acerca de ações e práticas inovadoras para a melhoria do processo de ensino-aprendizagem.

Ambiente virtual — É aquele em que ocorrem as interações síncronas. Trata-se de uma representação da realidade, que é reproduzida por meios eletrônicos.

Iconografia — A iconografia, como é entendida neste livro, diz respeito a um conjunto de símbolos gráficos que são postos nas telas de um computador para acionar programas ou recursos de um programa. Eles podem tornar a interface homem-máquina (IHM) um produto com maior grau de usabilidade número de acessos/número de tentativas) e levar o usuário a um grau de interação diferenciada, que quebre a linearidade dos processos sequenciais.

Aprender a conhecer — Visa, além da aquisição de uma série de saberes codificados, dominar os próprios instrumentos do conhecimento, considerados como um meio e uma finalidade de vida (Delors, 1999).

Aprender a fazer — São atitudes e comportamentos voltados a questões de formação profissional e à possibilidade que tem o usuário de colocar em prática seus conhecimentos e adaptar a educação ao trabalho do futuro (Delors, 1999).

Aprender a viver com os outros

Representa um dos desafios da educação moderna, cujo objetivo é ser uma educação capaz de evitar conflitos (Delors, 1999).

Aprender a ser

Delega à educação a responsabilidade de contribuir para o desenvolvimento total da pessoa – espírito e corpo, inteligência, sensibilidade, sentido estético, responsabilidade pessoal e espiritualidade (Delors, 1999).

Os sete saberes

Os sete saberes necessários à educação do futuro (Morin, 2000) são resultado de um estudo solicitado pela Unesco a Edgar Morin e que, segundo Jorge Werthein, considera a educação viável somente se representar a educação integral do ser humano (Werthein, citado por Morin, 2000).

Capítulo II

Questões éticas

Um dos grandes problemas atuais e que impede muitos autores de colocarem suas obras na internet diz respeito aos direitos autorais, uma questão ética que abrange também o emprego de informações incorretas (incompletas ou inverídicas). Considerar os aspectos éticos é uma das formas de diminuir a resistência que algumas pessoas ainda mantêm quanto ao desenvolvimento de estudos e trabalhos na internet.

11.1 Código de ética

Os OA se destinam, em sua finalidade primária, a facilitar o trabalho dos usuários dos ambientes enriquecidos com a tecnologia na obtenção de conteúdos com objetivos instrucionais específicos. Uma questão surgida devido ao seu uso compartilhado durante a criação dos OA se refere à ética do respeito aos direitos de propriedade intelectual. Há a necessidade de uma política específica para evitar que muitos especialistas deixem de participar na produção dos OA, sejam eles proprietários ou de domínio público.

Essas questões dizem respeito à conduta profissional, à veracidade dos conteúdos, às finalidades do conhecimento disseminado e aos direitos autorais. Elas podem ser colocadas de forma prescritiva – uma necessidade nas novas tecnologias, ou novos conhecimentos – e no formato de "mandamentos", cujo seguimento é sugerido e controlado pelos mantenedores dos repositórios de dados, que são desenvolvidos e armazenados em grandes bases de dados para serem acessados de forma colaborativa pela comunidade.

Com relação aos aspectos éticos, as seguintes ações podem ser consideradas importantes para que o desenvolvimento e a utilização dos OA aconteçam de forma ética:

- Garantir que o produto do trabalho de desenvolvimento de um OA atenda a necessidades sociais e não contenha instruções que provoquem qualquer tipo de ação agressiva, tanto ao ser humano quanto ao ambiente no qual ele vive.

- Garantir que a linguagem utilizada e a finalidade à qual o OA se propõe respeitem os direitos das minorias.
- Atender a padrões que venham facilitar a localização e a utilização do OA, independentemente da plataforma utilizada (portabilidade).
- Respeitar os direitos de propriedade e patente autorais.
- Apontar e dar os devidos créditos a materiais de terceiros que sejam colocados como parte componente do OA, guardando os documentos de autorização.
- Respeitar a privacidade das pessoas que utilizam esse OA, para evitar a captação não autorizada das informações dos usuários.
- Garantir a confidencialidade e não divulgação da utilização do OA, sem que exista a prévia autorização para isso.
- Apresentar elevada usabilidade.
- Apresentar a maior qualidade possível no nível educacional a que se destina.
- Garantir que os objetivos sejam atingidos com a qualidade esperada.
- Utilizar metadados em volume suficiente para que as funções, as atividades e os objetivos do OA fiquem claramente expostos àqueles que vão utilizá-los em suas tarefas educacionais.
- Certificar-se de que a utilização de um determinado OA não está relacionada com alguma infração legal.
- Garantir que o OA represente adequadamente a qualidade profissional da equipe ou do profissional que o desenvolveu, assim como o estado da arte na área do conhecimento em questão.
- Estabelecer se há restrições que precisam ser impostas para a utilização do OA e, nesse caso, quais responsabilidades adicionais devem ser exigidas dos usuários.
- Deixar especificadas, de forma explícita, quais são as possíveis consequências da má utilização dos conteúdos educacionais apresentados.
- Garantir que seja utilizado de acordo com as regras de autorização que forem impostas pelo autor do OA ou por aqueles que detêm os direitos autorais deste.
- Evitar a utilização desses elementos para fins que não sejam educacionais.

Outras restrições podem ser colocadas, mas derivam dessa enumeração, que constitui sugestões para um código de ética de desenvolvimento e utilização dos OA.

11.2 Consequências pedagógicas do uso dos OA

Alguns docentes questionam sobre as consequências pedagógicas da adoção de um processo de industrialização na criação e disseminação de recursos a serem utilizados no processo de ensino-aprendizagem nos ambientes enriquecidos com a tecnologia. A utilização da internet como lócus para a educação – uma tendência que se mostra irreversível –, por si só, já representa um passo em direção à industrialização do processo de ensino-aprendizagem. Isso parece ter sido aprofundado com a criação dos OA, que têm o fator econômico, como pano de fundo, a sustentar a grande e cara indústria de *softwares* nos países considerados desenvolvidos.

A industrialização, os OA e a flexibilidade (a qual prevê que o mesmo conteúdo seja apresentado em diferentes formas, adaptadas às necessidades dos usuários) elimina a necessidade de se preocupar em atender a características particulares. Em que nível a imposição de padrões para propiciar acessibilidade e portabilidade (interoperabilidade) pode correr o risco de sacrificar a qualidade pedagógica dos materiais produzidos, ou melhorar essa qualidade e o aproveitamento do aluno?

Quando se argumenta sobre a falência do corrente sistema escolar, que ainda tem por base o modelo da era industrial, questiona-se também qual modelo é o mais recomendado para a era da informação e da comunicação: Será esse que se apresenta na sociedade contemporânea?

Alguns pesquisadores sociais, como Castells (1999), consideram que nos movemos da era da informação para a era da criatividade. Levam em conta, para isso, que nem mesmo para a era da informação a instituição de ensino adequou o seu comportamento, pois é (como sistema) resistente às mudanças. Como será, então, o processo de adaptação a essa nova sociedade?

Será que, ao colocar o aluno como centro do processo de educação e buscar atender a todos os seus desejos – nos mesmos moldes em que o cliente é atendido no mercado corporativo –, não se transferiu a mesma competitividade que pode ser observada no mercado corporativo para o ambiente educacional?

Toda a tecnologia subjacente ao processo educacional tem mostrado que acarreta mudanças pedagógicas em alto grau de profundidade. Não podemos cair na dicotomia de considerar a tecnologia educacional como "boa" ou "má". Como acontece com qualquer tecnologia, o "como usar", "quem usa" e "com que finalidade é usada" é que são responsáveis pelo bom ou mau resultado. O que se costuma colocar para a reflexão dos usuários que participam dos cursos de nivelamento é que eles pensem nas consequências do ritmo cada vez mais acelerado das mudanças institucionais, que estão mais preocupadas em alinhar a instituição de ensino com o sistema socioeconômico neoliberal.

A aplicação de novas tecnologias gera um universo de demandas que não existiam e que forçam mudanças nas feições das instituições de ensino de todos os níveis. Em face da exigência de mais interação com o ambiente, tanto alunos como docentes devem adotar novos comportamentos e novas atitudes. A intenção é promover profissionais cada vez mais inteligentes e cidadãos adaptáveis às necessidades de trabalho na sociedade contemporânea e nas futuras, já que estamos vivendo um processo de mutação muito acelerado.

Esses novos comportamentos e atitudes representam mudanças significativas no aspecto pedagógico, pois criam novas formas de comunicação entre os atores do processo de ensino-aprendizagem. Essas mudanças não podem ser evitadas, sob pena de deixar o indivíduo à margem do progresso tecnológico do mercado contemporâneo.

11.3 Consequências ideológicas do uso dos OA

O número de pesquisas sobre as consequências ideológicas da adoção dos OA e de sua intensa utilização é pequeno e aponta para um campo árido, no qual há uma tendência de considerar os usuários como os responsáveis pela sua lenta evolução. Alguns questionamentos sobre o que pode ocorrer ideologicamente ficam pendentes. A evolução dos OA e sua concentração nas mãos de poucas organizações traz uma grande preocupação sobre o nível de manipulação que pode advir de monopólios de informações e conhecimentos, levando em conta a importância da educação e uma possível quebra de sua democratização. Isso pode dar um grande poder aos seus detentores, uma vez que a informação centralizada nas mãos de apenas algumas organizações pode permitir que elas venham a ditar as regras do jogo conforme seus interesses imediatos, que não são, necessariamente, os mesmos que os interesses sociais.

Qual será a consequência do domínio de algum consórcio de padronização sobre o conhecimento circulante na sociedade? Se houver um padrão único, ele será de domínio público ou estará concentrado nas mãos do poder dominante? Existe o risco de ideologias serem transmitidas de modo subliminar? Uma sociedade como a nossa, que tem como base a necessidade do saber, que dissemina um elevado volume de informações como nunca foi reunido por nenhuma das sociedades que nos antecederam, representa a imagem da sociedade do "grande irmão", conforme a desenhada na clássica obra *1984*, pelo escritor George Orwell (2003)?

Se tudo se organiza na internet – um ambiente artificial criado pelo homem, enriquecido com a tecnologia, no qual a perda da privacidade já é uma realidade –, o que acontecerá em uma sociedade na qual o domínio da educação se concentre em poucas mãos? Como será viver em meio a comunidades do conhecimento que adotem atitudes de xenofobia em relação a conhecimentos que não sejam criados e determinados por elas?

A xenofobia se desloca do macrouniverso para o microuniverso das organizações, que brigam entre si pela posse de informações e sua exclusividade, e pode atingir o microuniverso pessoal e vencer o senso colaborativo da internet, criando redes sociais privativas e elitistas em relação à posse e à exclusividade de conhecimentos. É um risco que devemos ter sempre em mente a fim de que seja evitado ou, pelo menos, minimizado. Castells (1999) e Giddens (1991), em obras de cunho sociológico, questionam essa possibilidade.

A posse do conhecimento como ideologia[1] é um risco, principalmente quando se leva em consideração as formas como ele é construído e como circula na sociedade atual, tendo como base informações que podem ser alteradas e manipuladas.

Esses aspectos, além de outros de interesse social, envolvem o risco do mergulho em uma sociedade tecnocrata (Naisbitt, 2000; Dertouzos, 1997), na qual a ciência e o desenvolvimento tecnológico não refletem os interesses e os valores do contexto social. Essa é uma situação possível, a qual os usuários dos ambientes enriquecidos com a tecnologia devem estar preparados para combater, principalmente aqueles que estão diretamente ligados com o trato tecnológico de forma mais direta, a fim de evitar o predomínio da tecnocracia.

Não dar oportunidade à tecnofobia, que pode colocar obstáculos desnecessários ao usuário, é uma possibilidade de apoio ao desenvolvimento e à criação de novos conhecimentos. No entanto, deve-se – na mesma medida e até com maiores cuidados – evitar a tecnofilia, sentimento de maior periculosidade, porque enseja atitudes de facilitação do domínio tecnocrático, que passaria a vencer, pela coerção do poder financeiro, os sentimentos humanistas que colaboram com a melhoria da qualidade de vida dos indivíduos.

saiba +

As questões de xenofobia, tecnofobia e tecnofilia, tratadas neste capítulo, são de estudo obrigatório para quem vai trabalhar em ambientes tecnológicos. Utilize as obras *1984*, de Orwell (2003), *O que será?*, de Dertouzos (1997), e *High tech, high touch*, de Naisbitt (2000), para adquirir conhecimentos que lhe permitam criar uma visão própria sobre o assunto.

---

1 A ideologia, como é compreendida no contexto desta obra, considera que a posse e a exclusividade do conhecimento representam o ponto de vista do neoliberalismo, quando defende o afastamento do Estado das questões financeiras, no qual o conhecimento é valiosa moeda de troca e instrumento de pressão.

Com relação à atividade que foi recomendada anteriormente, destacamos sua importância para evitar que a alienação tome o lugar de um processo de reflexão consciente, que conduza a ações politicamente corretas no ambiente.

Ao concluir os estudos das questões éticas apresentadas pelos usuários durante os cursos de nivelamento, podem ser destacadas como ideias que necessitam de comentários e/ou estudos complementares mais detalhados os temas relacionados nos *Estudos complementares* a seguir.

Estudos complementares

Conteúdos com objetivos instrucionais

Representa um conjunto de informações inter-relacionadas, que estão didaticamente orientadas e apresentam interações e alguma forma de avaliação.

Tecnocracia

Representa a predominância ou governo que se baseia no trabalho dos técnicos e dos tecnocratas. É um estágio a ser evitado devido ao abandono do âmbito social, com a preocupação de apenas atingir o desenvolvimento tecnológico, não importando o custo social dos meios utilizados.

Social *versus* tecnologia

Enquanto o social se preocupa com a melhoria da qualidade da vida humana em todos os sentidos e busca a integralidade do ser, a tecnologia preocupa-se, de forma utilitária, em diminuir a quantidade de serviço. Essa busca de produtividade como razão única ou principal da tecnologia esquece o lado humano. Esse é um confronto permanente. São abordagens que se contrapõem, mas que podem, na dependência de ações direcionadas corretamente, convergir para atingir um benefício comum.

Ideologia

É um conjunto de ideias que tem como base uma teoria política, econômica ou, ainda, a visão particular de um indivíduo. O problema é que as ideologias podem distorcer os comportamentos por serem, geralmente, exacerbadas. Os seguidores de um determinado viés ideológico o querem ver prevalecer sobre ideias divergentes.

Xenofobia

É o sentimento de aversão a pessoas ou coisas estranhas, entendida, neste livro, como aversão a ideias e conhecimentos que representam uma cultura diferente daquela defendida por algum grupo.

Tecnofobia

É a aversão por qualquer tipo de tecnologia. A recusa pura e simples de uma tecnologia, sem a análise das melhorias que ela pode propiciar, quando aplicada a situações particulares, é um posicionamento incorreto e que pode colocar em risco um conjunto de medidas que podem trazer resultados benéficos.

Tecnofilia

É a entrega total à tecnologia, o seu endeusamento, a idolatria de um indivíduo por ela. Os aparatos tecnológicos passam a ser considerados uma panaceia em que não se reflete sobre as consequências que sua adoção pode causar.

Atitudes politicamente corretas

São aquelas ditadas pelo respeito aos princípios éticos que devem nortear o comportamento das pessoas.

Comportamento ético

Diz respeito à adoção de atividades reflexivas que direcionem o indivíduo a agir sob o ponto de vista do diferenciamento do bem e do mal. É uma atitude que não é filha do tempo e independe do contexto.

Blogs

Aspectos complementares

Capítulo 12

O uso da tecnologia acaba por estabelecer na sociedade uma série de paradoxos. O homem busca na tecnologia a diminuição do trabalho manual e a extensão da capacidade humana. Quando isso acontece, ele passa para o temor ou para a dependência, que colocam em seu horizonte perspectivas de sua substituição pela máquina. Por essa razão, é importante para quem trabalha com a tecnologia conhecer aspectos sociológicos que complementam o uso consciente e não alienado do potencial tecnológico.

12.1 A influência da tecnologia

Um dos aspectos de influência tecnológica a considerar é o suposto "impacto" que o uso das tecnologias pode provocar nas pessoas. Lévy (1999a) considera incorreta essa metáfora do impacto do uso das tecnologias. Para ele, acreditar nisso implicaria dizer que as tecnologias e as técnicas viriam de "outro mundo".

As técnicas e as tecnologias nunca surgem em um contexto de forma isolada. Quando elas agem, costumam trazer consigo toda uma série de motivações e provocam diversas consequências. De Masi (2000) nos diz que "a tecnologia não é um fim em si mesma".

O ser humano, em especial o usuário discente, não pode rejeitar o aporte da tecnologia, sob o risco de regredir. Se o fato de a tecnologia "estar aí" não significa que temos que utilizá-la, quando a utilizamos isso não é feito sem um custo: exige formação, concentração, esforço pessoal, que é premiado com o bem-estar posterior de termos atingido um objetivo com um menor esforço, com o coroamento de um esforço direcionado.

Anteriormente, neste livro, citamos os termos *tecnofobia* e *tecnofilia*. O primeiro diz respeito a uma rejeição sem justificativa. O segundo, a uma utilização da tecnologia sem reflexão e análise – não do "impacto", mas das consequências.

As tecnologias nunca são utilizadas sem um propósito. Por trás delas há sempre ideias, direcionamento para projetos ideológicos e "utopias, interesses econômicos, estratégias de poder e para toda a gama dos jogos dos homens em sociedade" (Lévy, 1999a).

É importante destacar que, quando as tecnologias são utilizadas, seus resultados e suas implicações culturais e sociais, exclusivas ou inclusivas, devem ser periodicamente avaliados, principalmente no que diz respeito às mudanças comportamentais.

Os questionamentos mais frequentes e interessantes são aqueles acerca do uso que é feito da tecnologia. Os usuários questionam se ela é determinante ou condicionante. Nós nos apoiamos no argumento de Lévy (1999a), que considera essa questão complexa, podendo a tecnologia atuar de duas formas: ora determinando comportamentos já existentes, ora condicionando novos comportamentos que não existiriam caso não houvesse a tecnologia que lhes deu origem.

O posicionamento de Lévy (1999a) deixa muitos usuários confusos. Para esclarecer essa dúvida, observe como a tecnologia foi determinante, por exemplo, na eliminação da profissão de datilógrafo e também em outros casos semelhantes, nos quais a existência de uma tecnologia condicionou comportamentos e atitudes, como a criação do correio eletrônico.

Um outro questionamento, esse mais simples de esclarecer, considera incorreto o tratamento dos termos *técnicas* e *tecnologias* como sinônimos. Esse é um dos mitos estabelecidos no estudo das tecnologias. As técnicas são conjuntos de processos que fazem parte de uma ciência e as tecnologias são os conjuntos de conhecimentos que são aplicados a um determinado ramo de atividade. A diferença é clara, não existe sutileza, o que torna fácil a distinção desses conceitos.

De dúvidas em dúvidas, chegamos a uma das principais discussões sobre a tecnologia: a questão da neutralidade. As discussões chegam a ser acaloradas, mas uma única frase, embora não seja definitiva para encerrar o debate, é suficiente para esclarecer esse questionamento: a tecnologia não é boa nem má. Adjetivá-la com um desses epítetos depende "dos contextos, dos usos e dos pontos de vista" (Lévy, 1999a). Além desse autor, outros pesquisadores (De Masi, 2000; Touraine,

1997) consideram, em outro aspecto, que a tecnologia "não é neutra". Lévy (1999a) complementa a ideia: "condicionante ou restritiva, já que de um lado abre e de outro fecha o espectro de possibilidades".

Após todos esses questionamentos sobre o uso da tecnologia, enfim chegamos à pergunta que nos interessa: Como as tecnologias afetam os usuários dos ambientes nos quais elas são a base de sustentação?

As tecnologias atuam como condicionantes de uma nova exigência: a ressignificação das atitudes e dos comportamentos tanto dos docentes quanto dos discentes. Para os docentes, a tecnologia determina a quebra de sua aura de detentor do conhecimento e do seu relacionamento de poder com os estudantes; determina também que ele assuma o papel de comunicador e companheiro do aluno. Para os discentes, a tecnologia determina a quebra do paradigma de receptor e participante passivo para criar um novo perfil de participante: ativo, colaborador e solucionador de problemas.

Vista sob essas perspectivas, a tecnologia se mostra como um elemento que não tem significância por si mesmo. Dessa forma, é possível concluir que os OA – que são uma tecnologia educacional – somente adquirem significado quando são acessados pelos usuários que, mediante suas ações e práticas, podem dar significados diferenciados aos conteúdos ao combinarem e recombinarem elementos de alta granularidade, que foram disponibilizados exatamente para cumprir essa finalidade.

É justamente esse aspecto que dá significado às colocações de Wiley (2000), que considera os OA como peças de um jogo LEGO®, o qual, com múltiplas possibilidades de encaixe, permite infindáveis variações na criação de formas – uma metáfora que pode ser estendida aos OA e à criação de novos conhecimentos. Apesar de complexa, essa é uma atividade possível – desde que, para isso, concorram ações desenvolvidas pelos usuários e que dependam diretamente deles.

Ao concluir os estudos propostos neste tópico, podem ser destacadas como ideias que necessitam de comentários e/ou estudos complementares mais detalhados os termos relacionados a seguir:

- **Técnicas** – São consideradas por Feenberg e Bellman (2004) como um processo único ou como um conjunto de processos que são componentes de uma ciência.

- **Tecnologia** – Feenberg e Bellman (2004) diferenciam esse termo por ele representar algo mais abrangente, que possui nas técnicas os componentes que dão significado à tecnologia como ciência, como um conjunto de conhecimentos que tem aplicação em ramos da atividade humana.
- **Regressão tecnológica** – É o processo que se instala quando aparece o fator resistência, resultante da tecnofobia ou do medo da perda de situações previamente estabelecidas. Deixa-se, assim, de utilizar um ferramental que poderia ser benéfico ou, se o utiliza, não o executa sob os procedimentos recomendados e específicos, o que provoca o mesmo efeito que a sua rejeição, ou até pior.
- **Utopias educacionais** – Esse conceito é atribuído a projetos educacionais que são irrealizáveis. São como um sonho que queremos ver implantado e para o qual se foge. Muitas vezes, essas utopias educacionais não são realizáveis dentro de um prazo que seria razoável, mas é delas que nascem muitas realizações no campo da educação. São elas que alimentam as esperanças da efetivação de um ensino-aprendizagem de qualidade, num mundo em que a incerteza é um sentimento presente e que pode minar a vontade estabelecida de muitos educadores.
- **Tecnologia como determinante** – É mais devastadora, muitas vezes de forma dolorosa, ao deixar para trás profissões e ao quebrar situações estáveis em setores em que as mudanças provocadas pela tecnologia não eram necessárias, acabando por excluir meios tradicionais da vida.
- **Tecnologia como auxiliar de melhorias** – Representa um benefício, que aponta para novos caminhos e novas realizações possíveis ao gênio humano e que se mascara como oponente à exclusão que ela provoca.
- **Neutralidade tecnológica** – Com base em uma série de considerações similares, Feenberg e Bellman (2004) questionam e negam a neutralidade tecnológica, considerando os resultados que a sua adoção provoca e o efeito "bola de neve" que faz com que a utilização da tecnologia, muitas vezes, escape ao controle e apresente em sua utilização a face ideológica do usuário.
- **Estereótipo docente** – Estabelece o docente como detentor universal do conhecimento, que mantém um relacionamento anacrônico de poder com o aluno e desenvolve sua ação e prática apoiado no assistencialismo e no

reprodutivismo. É com base nisso que deve ser desenvolvida toda a reflexão voltada para uma ressignificação que venha a originar um novo perfil docente.

- **Estereótipo discente** – O estereótipo discente, também colocado na pós-modernidade, tem o mesmo aspecto externo do estereótipo docente (velho e ultrapassado), mas com diversos traços que mostram um perfil de receptor passivo e de participante desinteressado, sem senso crítico e criatividade. É com base nisso que deve ser desenvolvida toda a reflexão voltada para uma ressignificação que venha a originar um novo perfil discente.

- **Estereótipo institucional** – Ainda que não tenha sido tratado diretamente neste material de estudo, esse estereótipo retrata a instituição de ensino como o único local em que as atividades de ensino-aprendizagem podem ocorrer. Mostra também como uma organização passa à margem das inovações tecnológicas e evita se relacionar com o mercado, formando profissionais incompletos e relutando em reconhecer seus colaboradores como intelectuais transformadores.

12.2 A linguagem como mediadora do processo pedagógico

É importante adotar uma postura crítica e reflexiva na procura pelas razões que estabelecem o fenômeno comunicacional. Na atualidade, a tecnologia elimina as distâncias e possibilita às pessoas se comunicarem de qualquer lugar com qualquer outra localidade, enviar e receber arquivos, circular toda e qualquer informação na internet. Esse fato já havia sido previsto por Negroponte (1995), que considerou uma vida digital para o futuro, a qual já se efetivou e se demonstra poderosa na sociedade atual. Na estrada do futuro, já vista por Gates (1995), circula todo o conhecimento já criado ou a ser criado pela humanidade.

Assim, nos ambientes enriquecidos com a tecnologia e, por extensão, em todos os ambientes em que ocorrem interações sociais em nível local ou global, a linguagem atua como mediadora. Neste estudo sobre OA, em particular, ela atua como mediadora do processo didático-pedagógico.

Segundo Mattar (2009), a forma de transmissão e de comunicação atravessou quatro grandes estágios:
1. A sociedade oral.
2. A sociedade escrita.
3. A sociedade da imprensa.
4. A sociedade da informática (também denominada de *sociedade digital*).

A transição entre esses estágios sociais acompanha, em passo igual, a evolução tecnológica. Cada um deles estabeleceu novos comportamentos e expandiu limites. Todo o ferramental tecnológico, criado em cada estágio, não foi substituído: as novas ferramentas se incorporaram às já existente e ampliaram significativamente as possibilidades de comunicação e retiraram da oralidade, presencial ou não presencial, síncrona ou assíncrona, a primazia da mediação das interações entre as pessoas.

A sociedade escrita provocou mudanças profundas, porém, para a educação, a mais sensível foi a aproximação de pessoas que tinham algo a dizer com aquelas que necessitavam "ouvir" – não mais por meio da oralidade, mas por meio da "escrita".

A sociedade da imprensa popularizou o que pertencia à elite, democratizando – ou, pelo menos, com a intenção de democratizar, como acabou por fazer – o acesso à educação. A sociedade da informática completa um ciclo evolutivo que desvincula a necessidade da comunicação pessoal, a qual, como ocorre nos dias atuais, por conta da mediação tecnológica, deixou de ser básica ou fundamental com relação à troca de informações e conhecimentos.

Os OA concentram todo o ferramental dessas quatro sociedades: textos (agora digitais), imagens (que agora circulam na internet), animações (que permitem simulações diversas e liberam o aprender pelo erro e o aprender fazendo e tornam a aprendizagem significativa), vídeos (que levam a "presença" de especialistas para as mais diferentes localidades) e realidade virtual (que expande os limites do real e permite a vivência de situações diferenciadas e ricas).

Estamos diante de uma revolução completa em termos de comunicação. Da linguagem oral para a linguagem dos meios, a comunicação se expandiu a níveis nunca antes imaginados: a conversação direta, bidirecional, passou para múltiplas direções – de muitas pessoas para muitas outras. O primeiro salto quântico se deu quando houve a mudança da oralidade para o papel. Depois disso, a comunicação ganhou *status* de globalização, quando foi popularizada, incluindo a comunidade. Em seguida, passou para um estado de roteirização, incluindo o vídeo, inicialmente monologado. E, na atualidade, vivemos uma situação de interação extensiva, como a que ocorre nas mídias sociais.

O mundo digital nos traz ao presente, ao contemporâneo, como uma situação mais abrangente, sem que possamos prever corretamente seu direcionamento futuro, em termos de volume de recursos para o desenvolvimento de pesquisas e estudos. A exploração do que se lê, do que se ouve e do que se vê deixa de ser passiva e se torna interativa.

Vivenciamos hoje o tempo do hipertexto, o qual está em evolução continuada para a hipermídia. Nessa situação, torna-se cada vez mais possível a simulação de realidades diversas daquelas que a pessoa vivencia na vida comum. Nesse contexto, justifica-se o uso da expressão *realidade ampliada* como uma potente auxiliar ao desenvolvimento de atividades de ensino-aprendizagem.

As mídias e os meios de comunicação de massa são, agora, os responsáveis pela mediação pedagógica que ocorre na troca de informações e/ou de ricos conhecimentos, os quais podem ser aproveitados pela instituição de ensino, que assim recupera seu papel como responsável pela educação.

saiba +
Devido ao nível de abstração necessária à compreensão das consequências da adoção da mediação didática-pedagógica dos conteúdos de estudo, realizada pelo uso dos meios de comunicação e sua linguagem, que exige uma readequação dos conteúdos, desenvolva uma pesquisa sobre o artigo *As we may think* (Bush, 1945) e sobre o Projeto Xanadu, proposto por Ted Nelson.

O trabalho de montagem de um texto com essas características é coletivo, o que faz com que Belloni (1999) considere o professor dos ambientes enriquecidos com a tecnologia como um "docente coletivo", que monta, prepara, desenvolve, mas não é o responsável pela efetivação do processo.

Quando refletimos sobra a linguagem, não podemos esquecer a escola do neopositivismo ou do empirismo lógico, que tem em Wittgenstein um dos seus expoentes e que nos coloca a seguinte máxima a adotar, a qual continua presente em um mundo em constante mutação: "os limites de minha linguagem significam os limites do meu mundo" (Wittgenstein, 1994). Essa escola foi combatida por outros filósofos e sociólogos, o que não invalida a sua colocação de que as experiências (que aqui chamamos de *interações sociais*) e as linguagens (que aqui consideramos como a *linguagem dos meios*) se completam.

As interações são colocadas na forma de proposições, que são "verdadeiras" se forem "exprimíveis", ou seja, têm sentido apenas se forem mensuráveis. Esse é, em essência, o cerne dos OA: a abertura de suas características em visões usuárias para conter diversos arquivos que representem do mesmo conteúdo. Isso amplia ainda mais o domínio do conhecimento real possível e permite adotar um posicionamento flexível, incentivado e controlado, para que possam ser analisados posicionamentos conflitantes – o que não é o objetivo dos OA, mas que pode ser utilizado em casos particulares.

A sigla CMC (*Computer Mediated Communication*), que teve origem nos anos 1990, tem sua espinha dorsal apoiada na internet, a qual, nas duas últimas décadas, cresceu sem ter perdido forças: mudou de feição, está mais atraente, mais voltada para o lúdico, mais estável e reunindo um número cada vez maior de pessoas, que se comunicam em diferentes linguagens, que mostram o mesmo conteúdo – como textos digitais, imagens, animações, vídeos, áudio, realidade virtual etc.

Segundo Castells (1999), a sociedade em rede se espalha em uma "teia de alcance mundial para comunicação individualizada e interativa". A colocação dos OA na tecnologia da computação em nuvens[1] (uma nova abordagem da rede) permite que estes estejam presentes em todos os lugares e em todos os momentos, o que dá suporte de comunicação a todas as comunidades.

O isolamento social parece desaparecer nos encontros sem rosto que, segundo Giddens (1991), exigem novos relacionamentos de confiança com pessoas com as quais nunca travamos qualquer contato anterior. Está aberto o caminho para uma sociedade interativa, proposta de forma apocalíptica e integrada (Eco, 1998; Schwartz, 1985).

---

[1] As nuvens são servidores que disponibilizam espaço para armazenamento, programas e outras facilidades disponíveis aos usuários.

A sociedade contemporânea acaba por dar razão à McLuhan (1969), que, ao considerar os meios de comunicação como extensões do homem, era tido por muitos como um visionário. O correio eletrônico, os telebancos, as telecompras, as páginas pessoais, os *blogs*, o Twitter, as nuvens que colocam dados pessoais e profissionais nas mãos de todos, retirando a privacidade das pessoas. Estas expõem suas vidas, por exemplo, no YouTube; os olhos do Google parecem, então, controlar o que todos estão fazendo a cada momento.

Esse panorama, que ainda deixa assustados muitos usuários dos cursos de nivelamento para uso de OA, recebe o nome genérico e abrangente de *cultura da virtualidade real*, como define Castells (1999): "As culturas são formadas por processos de comunicação, como Roland Barthes e Jean Baudrillard nos ensinaram há muitos anos, são baseadas na produção de consumos e sinais. Portanto, não há separação entre a realidade e a representação simbólica".

Esse novo sistema de comunicação transforma, de forma radical, dimensões fundamentais da vida humana, como o espaço e o tempo. Ao se tornar ubíquo e atemporal, o sistema de comunicação entre as pessoas provoca dúvidas e incertezas, mas se afirma cada vez mais efetivo. Para que a comunicação ocorra, a presença física não é mais necessária, tampouco a sincronicidade das pessoas, independente de sua localização física.

O destaque dado para a linguagem como mediadora pedagógica ocorre por ela ser determinante no modo como enxergamos o mundo (Mattar, 2009). Assim, a linguagem constrói a realidade da vida e, na dimensão em que estamos restringindo, muda também a realidade pedagógica, agora sujeita à mediação tecnológica.

Com todas essas considerações, os OA ganham um significado diferenciado, para além do que se esperava como resultado, com a superação das expectativas.

Um último cuidado deve ser tomado nos ambientes enriquecidos com a tecnologia, onde a linguagem dos meios dá significado à mediação pedagógica. É o que Mattar (2009) chama de *tecnostress*, que ocorre pelo excesso de informação disponível. Quanto maior o volume de informação que acessamos, menores nos sentimos em relação ao conhecimento que já temos acumulado. Essa situação pode parecer simples, mas não é. A sua complexidade pode provocar a perda do sentido de nosso propósito: o de adquirir novos conhecimentos, novas competências e habilidades.

As pessoas, ao observarem o volume de informações, podem se sentir diminuídas em seu conhecimento e ter sua autoestima prejudicada. Assim, compreender a importância da linguagem como forma de mediação pedagógica assume, na sociedade contemporânea, uma importância a que os usuários dos sistemas enriquecidos com a tecnologia não podem se furtar.

É importante voltar a delimitar o estudo ao campo educacional, do qual se fugiu pela complexidade e extensão do tema da ressignificação dos fatos pela mediação tecnológica, e retornar ao propósito da consideração da linguagem dos meios como nova mediadora do processo pedagógico.

12.3 O diferencial da interatividade

A interatividade nos OA é uma solução que pode oferecer um grande diferencial. Independentemente dessa colocação, ela é recomendada para movimentar os ROA. Porém, a sua utilização sem critério, sem a avaliação de sua necessidade, pode ocasionar sobrecarga laboral, provocando volume excessivo de trabalho, e sobrecarga cognitiva, repassando ou exigindo uma grande quantidade de informações.

De modo a satisfazer a necessidade da *interatividade*, é importante definir de forma clara o significado dessa palavra. Segundo o *Dicionário Aurélio*, podemos ter diversos significados para ela, entre os quais estão os seguintes:

1. É a capacidade (de um equipamento, sistema de comunicação ou de computação etc.) de interagir ou provocar interação. → Interagir: agir de forma recíproca. → Interação: ação que se exerce mutuamente entre duas ou mais pessoas).

2. Diz-se do recurso, meio ou processo de comunicação que permite ao receptor interagir ativamente com o emissor. (informática) → Ação relativa a sistemas, programas, procedimentos etc. em que o usuário pode ou deve

continuamente intervir no curso das atividades de computador, fornecendo dados ou comandos. (Ferreira, 2008)

Tratando em um nível diverso das definições pedagógicas, o termo *interatividade*, via de regra, destaca a necessidade de o usuário iniciar uma transação e participar intensa e ativamente desta, como estratégia educacional no que diz respeito à chamada de atividades que despertem a sua atenção e o levem à compreensão dos conteúdos.

O usuário, diante da tela de seu computador, nunca é passivo, uma vez que a sua atuação nunca é passiva. Lévy (1999a) considera que o destinatário "decodifica, interpreta, participa, mobiliza seu sistema nervoso de muitas maneiras, e sempre de forma individual, diferente do que outro usuário o faria na mesma situação". O grau de interatividade dos OA pode ser mensurado, segundo Lévy (1999a), pela "possibilidade de reapropriação e de recombinação do material da mensagem".

É desejável, assim, que um OA funcione no sentido de interagir com o usuário, o que pode exigir que coloquemos no emissor algum grau de inteligência que devolva como resultado da interação:
- um diálogo (Interface Homem-Máquina – IHM);
- reciprocidade, mostrando a sequência de um roteiro, que tem um propósito específico;
- alguma forma de comunicação afetiva.

O que ele não deve desenvolver é uma navegação linear. Nela, o usuário inicia o trabalho em um ponto determinado e segue sem interações com o OA, o que pode tornar o estudo monótono e o aproveitamento baixo.

É com base nisso que alguns pesquisadores (Mattar, 2010; Alves, 2006; Bergeron, 2006) passaram a enxergar nos jogos digitais e no *edutainment* grandes possibilidades de mudar de forma radical o nível de interesse, participação e motivação do aluno. Esse é um fato que você pode facilmente confirmar ao entrar em uma *lan house* e observar o nível de participação; ou, então, se tiver filhos ou netos, ao observar a forma como eles se comportam em frente aos seus *videogames*.

A Geração Z, ou geração dos nativos digitais, não consegue acompanhar conteúdos que não apresentem alguma interatividade (Mattar, 2010). Um OA que tenha um jogo como parte de seu desenvolvimento já conta com um primeiro diferencial, a menos que seja uma interação apenas mecânica, sem nenhuma estratégia educacional que a acompanhe.

A produtividade e o ganho de rendimento do aluno nas redes sociais, espaço em que a interatividade atinge o seu nível mais elevado, são a maior comprovação da eficiência do processo de interação mediada pela tecnologia que ocorre entre indivíduos.

Um fenômeno paralelo que pode ser observado é a telepresença por meio da utilização do vídeo. Em um nível mais aprofundado, outro fenômeno pode ser o trabalho na realidade virtual, no qual os objetivos da interatividade, como vista no ambiente tradicional, podem ser superados e, assim, provocar um envolvimento pleno do usuário no processo proposto.

Lévy (1999a) apresenta um estudo cuja apropriação pode ajudar na compreensão da importância do uso da interatividade. O autor considera que o grau de interatividade de uma mídia ou de um dispositivo de comunicação – no nosso caso, os OA – pode ser medido em eixos diferentes, entre os quais ele destaca:

- as possibilidades de apropriação e de personalização da mensagem recebida, seja qual for a sua natureza;
- a reciprocidade da comunicação;
- a virtualidade, que enfatiza o cálculo da mensagem em tempo real em função de um modelo e de dados de entrada;
- a implicação da imagem dos participantes nas mensagens;
- a telepresença.

Um OA se enquadra em todas essas categorias, pois a expectativa elevada de sua funcionalidade praticamente os obriga a apresentar um elevado nível de interatividade.

Já em tempo de PI, os OAs são imaginados, preferencialmente, por meio de cenários, do uso de avatares e até da imersão dos usuários. O que determina o nível de tecnologia é a análise custo-benefício, que é medida pelos aspectos: vida útil extensa; elevado grau de reutilização; atendimento às necessidades do usuário (usabilidade).

Considerações finais

O conteúdo discutido neste livro mergulhou no tenso relacionamento entre a pedagogia e a tecnologia. As considerações que efetuamos não têm o propósito de eliminar esse conflito de forma definitiva. Os objetivos da tecnologia e da pedagogia são diferenciados: a tecnologia enxerga pelo viés da otimização dos processos, enquanto a pedagogia enxerga a melhor forma de ensinar, que nem sempre percorre o caminho mais curto. Também em relação aos aspectos financeiros os objetivos não convergem. No entanto, essas divergências podem ser superadas com a diminuição da distância entre elas, em benefício da atividade de ensino-aprendizagem.

A época atual tem sido uma das mais ativas no tocante ao questionamento das tecnologias e de seus efeitos sobre o social e o ambiental. Os próximos anos devem recrudescer esse posicionamento.

Nesse sentido, a frase hexagenária, proclamada na Declaração dos Direitos Humanos das Nações Unidas em 1948, continua a martelar em todos os ouvidos e não perde a sua atualidade: "Todos têm direito à educação".

Na sociedade contemporânea, o conhecimento torna-se um poder declarado, e a educação é o caminho para a sua aquisição. Ao analisar a condição social pós-moderna, Lyotard (1998) considera que o conhecimento ganha centralidade como fator de produção, transformando-se ele mesmo em mercadoria. Os materiais educacionais entram em uma fase de industrialização, o que pode colocar em dúvida sua qualidade se cuidados didáticos e pedagógicos forem deixados em segundo plano.

O uso da tecnologia educacional se torna inevitável como única forma de superar a velocidade e o ritmo de vida impostos a uma sociedade recentemente saída de três choques (no sentido de mudanças profundas no comportamento da sociedade), segundo Magalhães e Stoer (2002), que são:

- o advento da sociedade científica e técnica, discutido por Harvey (1992);
- a mundialização do capital, analisada por Chesnais (1996);
- o advento da sociedade da informação, questionado por Castells (1999).

Esses choques permanecem e continuam estabelecendo perspectivas e imposições que representam desafios para todos os usuários dos ambientes enriquecidos com a tecnologia na atualidade.

O tempo de discutir a utilização da tecnologia ficou para trás. O que deve ser feito é uma análise das formas de uso dessa tecnologia, a fim corrigir a exclusão social que seu desenvolvimento provoca– um dos efeitos pelo qual ela é responsável. Essa análise é mais lógica que a discussão sobre o uso ou não da tecnologia, uma vez que a luta contra a exclusão social é uma atitude mais humana.

Uma das soluções mais apropriadas seria obter, por intermédio da tecnologia, o que foi perdido por conta da sua má utilização: a qualidade do processo de ensino-aprendizagem.

As oposições entre o acadêmico e o empresarial, entre o social e o capital, parecem se aprofundar cada vez mais. Esse fato traz uma discussão que já foi explorada com o conceito de sociedade do espetáculo (Debord, 1997): a ótica distorcida de que o indivíduo é uma utilidade social e é medido apenas por sua capacidade de produção, conforme requer o mercado. Ao transferir essa visão para instituições de ensino, docentes e relacionamentos, é possível observar que essas oposições ocorrem porque:

- não se cobra a responsabilidade da instituição de ensino, com relação à necessidade de esta se articular com o mercado de trabalho;
- não se trabalha sobre o aspecto negativo dos educadores assistirem, cooptados pela ideologia neoliberal, o pragmatismo superar o idealismo acadêmico;
- há a ausência de críticas e uma passividade ante a visão de um grande número de indivíduos se entregar a um viés ideológico que os chama pelo conforto e pelo bem-estar fictícios, que trazem consigo um custo social muito elevado, quando esses indivíduos ultrapassam o ponto de equilíbrio entre a cidadania e a alienação.
- não trabalha no sentido de que as instituições de ensino corrijam o seu posicionamento de aceitar, passivamente, que os alunos egressos – esperados profissionais – não estejam devidamente preparados para desenvolver suas atividades profissionais.

A pretensão de questionar esses posicionamentos e optar pelo uso da tecnologia – ou à transmissão, pelo docente, do conhecimento de sua utilização – pode parecer o desenho de um perfil tecnocrata. Mas essa visão, frequentemente levantada por participantes dos cursos de nivelamento, é incorreta. Uma das formas mais eficientes de combater a tecnocracia é fazer com que aqueles que têm um perfil humanista conheçam a tecnologia. Dessa forma, é possível evitar a recusa infundamentada e estimulá-los a agir e a se comportar, ainda que de forma contestadora, de modo a ressignificar o uso da tecnologia como ferramenta pedagógica.

Na teoria, as atitudes de revolta podem ter um certo charme; porém, na prática, excluem os seus defensores do rol daqueles que podem melhorar a qualidade do processo de ensino-aprendizagem e formar o profissional que o mercado deseja, sem deixar de formá-lo para a cidadania.

Essa função não pode ser deixada a cargo dos tecnólogos, pois isso equivaleria a abandonar o campo de luta e deixar a educação indefesa, o que reafirmaria a crença que coloca como antagonistas a educação articulada com as exigências do mercado e a educação que se dedica à formação integral do indivíduo (Magalhães; Stoer, 2002).

Diante do surgimento de um novo aparato tecnológico, além do desconhecimento do docente sobre seu significado e suas possibilidades – como foram apresentados durante o desenvolvimento deste livro –, acreditamos que o melhor posicionamento não é incentivar que barreiras pedagógicas se levantem contra o uso dos OA, mas colocar os usuários perante essa realidade, ainda que os OA representem um processo de industrialização que pode parecer estranho ao educacional.

> A simples existência dos OA não significa que devam ser sempre utilizados. Não se trata de uma panaceia universal. A não aplicabilidade ou o desenvolvimento sob uma perspectiva incorreta pode ocasionar, com justificadas razões, uma recusa à sua utilização.
>
> **diálogo**

Dessa forma, os usuários podem questionar quais as consequências da aceitação do trabalho com esse novo aparato tecnológico e quais as reais possibilidades que eles têm de incentivar o desenvolvimento de novas capacidades para a prática de novas formas de ensinar e aprender.

A dependência que os OA têm de uma atuação extensiva dos usuários elimina a necessidade de se voltar às discussões sobre o uso da tecnologia: se ela vai causar uma diminuição do valor da atuação do docente ou uma independência excessiva do aluno. O diálogo entre ambos sempre será necessário e importante.

Na atualidade, tanto o ônus de ensinar como o de aprender passam a ser atividades compartilhadas, apoiadas em estratégias educacionais, como, por exemplo, a mudança de comportamento dos atores do processo de ensino-aprendizagem. Seguindo essa linha de raciocínio, os artefatos tecnológicos conhecidos como OA foram analisados mediante as respostas dos questionamentos feitos a respeito de aspectos tecnológicos, pedagógicos e éticos. O objetivo foi possibilitar que as pessoas interessadas na utilização dos OA – quer como criadoras, quer como usuárias de seus conteúdos – adquiram uma visão de que eles são elementos úteis às suas atividades de ensino-aprendizagem e conheçam o jargão da área, bem como tenham condições de criar e modificar os OA ou, simplesmente, utilizá-los para enriquecer as atividades de ensino-aprendizagem.

Para isso, dois objetivos nortearam o desenvolvimento deste livro. Em primeiro lugar, a intenção foi a de transmitir aos docentes produtores de materiais didáticos para os ambientes enriquecidos com a tecnologia conhecimentos que incentivem o desenvolvimento de objetos de uso geral e independentes do contexto. Em segundo lugar, o intento foi utilizar o conhecimento acumulado em diversos cursos de nivelamento, reunindo questionamentos individuais que podem ser extrapolados e considerados como dúvidas gerais em uma comunidade com objetivos similares e nível cognitivo aproximado. Como resultado dessa proposta, esperamos deixar claro que os OA são uma forma diferente de pensar os materiais didáticos, como, por exemplo, o uso da linguagem dos meios como mediadores do projeto pedagógico.

No tocante à parte didática e pedagógica, cabe aos usuários compreender e questionar o elemento tecnológico e confrontar as suas possibilidades diante das necessidades. Esse comportamento é recomendado com base nas sugestões dadas como respostas a questionamentos efetuados pelos usuários.

Segundo Longmire (2000), para se atingir tal objetivo, é necessário haver uma dupla visão dos participantes das equipes multidisciplinares envolvidas na criação de OA: uma compreensão global do currículo envolvido, para conceber um conteúdo como parte de um todo maior, e uma visão micro do "local", para criar conteúdos que representem informações que possam ser utilizadas de forma isolada ou que façam parte de outros contextos, como informações reutilizáveis.

Para encerrar o estudo dos conteúdos e possibilitar um olhar para o futuro, as questões éticas que foram levantadas neste livro pretendem tornar possível uma discussão mais ampla e que reflita as interferências do tecnológico sobre o social, que sempre surgem quando a tecnologia é inserida no processo de ensino-aprendizagem.

Como os OA ainda representam um campo do conhecimento que está em seus primórdios, espera-se que as recomendações que foram colocadas possam suscitar diversas novas dúvidas, que despertem o interesse de pesquisadores e desemboquem em outros trabalhos de pesquisa que permitam a criação de OA resultantes de uma cultura genuinamente nacional.

A possibilidade de escolher o que estudar, onde estudar, como estudar e de compartilhar ou obter recursos em ambientes enriquecidos com a tecnologia, com acompanhamento especialista, é um fato que não pode ser relegado a segundo plano no panorama da sociedade atual. A utilização de unidades atômicas de informação/conhecimento (Giggons, Nelson, Richards, 2000) para construir blocos maiores, criados por especialistas e passíveis de grande volume de colaboração – que pode ocorrer na modalidade *wiki* –, pode trazer benefícios consideráveis em termos de recursos.

Até onde não se pode ainda precisar, mas nem por isso é bom desprezar, a disponibilização de um elevado volume de recursos nas mãos dos usuários pode diminuir, de forma significativa, o volume de trabalho. Ao ter diminuído o seu trabalho de busca, os usuários podem dedicar um tempo maior ao pensamento, à reflexão e ao desenvolvimento da ação e da prática profissional, de acordo com as necessidades que lhe são impostas na sociedade contemporânea.

Ter essas unidades atômicas disponíveis de forma *on-line*, *just in time* e *on-demand*, flexíveis e adaptáveis a contextos diferenciados, não significa que elas sozinhas criem conhecimento ou, em algum processo de *moto perpétuo*, unam-se de forma aleatória para criá-los.

O interesse e o incentivo aos usuários é a costura que impede que essas unidades separadas venham a gerar conhecimento isolados, sem formação de significados. É um fato que exige *interfaces* amigáveis no maior nível possível e um elevado grau de flexibilidade e interação com os conteúdos. É uma abordagem que exige, como requisitos imprescindíveis, a significância e a aplicabilidade imediata dos conhecimentos.

A visão e a consideração da finalidade dos mapas conceituais permitem preparar e definir uma estratégia educacional que leva à aprendizagem do mais simples ao mais complexo, de forma hierárquica, da mesma forma como é construída a experiência humana.

Incorporar, na criação dos OA, abordagens derivadas de teorias de aprendizagem que têm apresentado resultados satisfatórios nos AVA proporciona condições para que os recursos sejam utilizados de forma didática e pedagogicamente correta. Nesse sentido, podemos observar que as estratégias adotadas e a sua convergência para os aspectos tecnológicos podem deixar em aberto ou ignorar os aspectos didáticos e pedagógicos e deixar de colocar em destaque as necessidades do público-alvo.

Podemos perceber, nas entrelinhas dos estudos e das pesquisas desenvolvidas por diversos estudiosos (Friesen, 2004; Gibbons; Nelson; Richards, 2000; Hodgins, 2004), uma tendência ao desenvolvimento de tecnologias educacionais que tenham a capacidade de "aprender" o que os usuários desejam, ou seja, que adquiram algum grau de conhecimento sobre as atividades destes no que diz respeito a executar o direcionamento na busca de recursos que as levem a um maior grau de produtividade no trabalho docente.

As tecnologias educacionais que "aprendem" com a ação e a prática docente ou profissional podem capturar a essência do trabalho especialista e, então, ser utilizadas para diminuir esforços e tempo na formação de novos técnicos e profissionais que sejam capazes de disseminar, de forma acelerada, novos conhecimentos para a comunidade.

Hodgins (2004) coloca em xeque muitas convicções ao imaginar tutores/orientadores acadêmicos e outros agentes tecnologicamente inteligentes que não apenas ajudam diretamente os alunos, mas também aumentam de forma real as habilidades de orientadores ou "treinadores" humanos. O autor antevê um tempo no qual vamos estar capacitados a criar novos conhecimentos nos baseando na captura de padrões observáveis e ambientes reconhecíveis, podendo compreender, assim, o contexto de eventos e ações. Esse é um dos aspectos dos estudos das interfaces que vão reconhecer movimentos e chegar ao ponto extremo de captar sinais emitidos pelo cérebro diretamente para as máquinas (Nicolelis, 2011).

Segundo Hodgins (2004), isso ocorre em espiral crescente e representa uma das principais promessas que a utilização das tecnologias de informação apresenta para um futuro próximo: incrementar o grau de produtividade do ser humano. O profissional do conhecimento é visto como responsável pela inteligência organizacional, como indivíduos capazes de incrementar o seu capital intelectual e a sua competitividade a níveis elevados, como exige a sociedade atual.

> **saiba +**
>
> O profissional do conhecimento representa um elemento com perfil diferenciado: elevado senso crítico, criatividade, colaboração, abertura ao novo. Pesquise arquivos disponíveis na internet e utilize como palavras-chave os termos *profissional do conhecimento*, *knowledge worker*, *knowledge professional*. Aprofunde seus conhecimentos nesse assunto, é importante para formar novas competências e habilidades em seu perfil profissional.

Em um panorama com as características destacadas anteriormente, são sugeridas novas pesquisas para a tecnologia de OA ao se imaginar, como propõe Hodgins (2004), que ela seja capaz de captar conhecimentos e aprender com base na própria experiência e na experiência de seus usuários, pelas ações desenvolvidas por programas que apresentam graus diferenciados de inteligência e condições técnicas para captar ações destes.

Para isso, é importante reconhecer as possibilidades que esses programas têm em criar esses conhecimentos, sem que esteja antecipadamente precavido contra falhas de sua evolução, postura que pode permitir que sejam pouco utilizados.

Tornar o acesso facilitado e a utilização de recursos assim criados relevante representa o estado da arte nas pesquisas necessárias ao desenvolvimento dos OA com as características apresentadas neste livro.

Os objetivos desta obra consistem em facilitar aos usuários a compreensão do significado do que são os OA, quais as razões de sua utilização, além de orientar as formas de desenvolver OA flexíveis para atender a necessidades de melhoria da qualidade do conteúdo de materiais didáticos. O aumento do volume e da disponibilidade de OA será considerado relevante se resultar em novas pesquisas sobre o assunto e no aumento do número de ROA disponíveis para a comunidade acadêmica.

Referências

ABRAHÃO, J. I.; PINHO, D. L. M. As transformações do trabalho e desafios teóricos metodológicos da ergonomia. Estudos de Psicologia, [S.l.], n. 7, p. 45-52, 2002. (Edição Especial).

ALVES, L. Game over: jogos eletrônicos e violência. São Paulo: Futura, 2006.

AMBLER, S. W. Introduction to Object-orientation and the UML. 2009. Disponível em: <http://www.agiledata.org/essays/objectOrientation101.html>. Acesso em: 19 out. 2011.

ARANHA, M. L. de A. Filosofando: introdução à filosofia. São Paulo: Moderna, 1993.

ARÉTIO, L. G. Educación a distancia hoy. Madrid: Uned, 1994.

AUSUBEL, D. P.; NOVAK, J. D.; HANESIAN, H. Psicologia educacional. Rio de Janeiro: Interamericana, 1980.

BARROWS, H. ; KELSON, A. Problem Based Learning. Disponível em: <http://www.samford.edu/ctls/problem_based_learning.html>. Acesso em: 10 out. 2005.

BECKER, F. A epistemologia do professor. Petrópolis: Vozes, 1998.

BELLONI, M. L. Educação a distância. Campinas: Autores Associados, 1999.

BERGERON, B. Developing Serious Games. Hingham: Charles River Midia, 2006.

BERGOMAS, G. La articulación entre la comunicación y la educación en vistas a la formación de comunicadores y educadores. In: CONGRESSO INTERNACIONAL SOBRE COMUNICAÇÃO E EDUCAÇÃO, 1., 1998, São Paulo. Anais... São Paulo: [s.n.], 1998.

BLANCHE, M. T. Collaborative Learning Environments Sourcebook. 2006. Disponível em: <http://www.criticalmethods.org/collab>. Acesso em: 17 out. 2011.

BURGE, L. Beyond Andragogy: Some Explorations for Distance Learning Design. Journal of Distance Education, Burnaby, BC, v. 3, n. 2, p. 5-23, 1988.

BUSH, V. As we May Think. Atlantic Monthly, v. 176, n. 1, p. 101-108, 1945. Disponível em: <http://www.theatlantic.com/unbound/flashbks/computer/bushf.htm>. Acesso em: 2 mar. 2012.

CASTELLS, M. A sociedade em rede. São Paulo: Paz e Terra, 1999. (Série A era da informação: economia, sociedade e cultura, v. 1).

CHESNAIS, F. A mundialização do capital. São Paulo: Xamã, 1996.

COHEN, E. Learning Objects and E-learning an Informing Science Perspective. Interdisciplinary Journal of Knowledge and Learning Objects, Santa Rosa, CA, v. 2, 2006.

DAVIDSON, N. Cooperative Learning in Mathematics. Addison-Wesley, CA: Menlo Park, 1990.

DAVIS, B. G. Tools for Teaching. San Francisco, CA: Jossey-Bass Publishers, 1993.

DE MASI, D. Ócio criativo. Rio de Janeiro: Sextante, 2000.

DEBORD, G. A sociedade do espetáculo. Rio de Janeiro: Contraponto, 1997.

DELORS, J. (Org.). Educação, um tesouro a descobrir. Relatório para a Unesco da Comissão Internacional sobre a Educação para o Século XXI. Brasília: MEC/Unesco, 1999.

DEMO, P. Reconstruindo a competência de quem ensina. In: CONGRESSO INTERNACIONAL SOBRE FORMAÇÃO DE PROFESSORES E PRÁTICA PEDAGÓGICA, 2., 2006, Porto Alegre. Anais... Porto Alegre: [s.n.], 2006.

DERTOUZOS, M. L. O que será? Como o novo mundo da informação transformará nossas vidas. São Paulo: Companhia das Letras, 1997.

DRUCKER, P. Coleção Exame: Peter Drucker. São Paulo: Abril, 2006.

ECO, U. Apocalípticos e integrados. São Paulo: Perspectiva, 1998.

ENGE, E. Are Vertical Search Engines the Answer to Relevance? Search Engine Watch, 3 jan. 2007. Disponível em: <http://searchenginewatch.com/showPage.html?page=3624377>. Acesso em: 16 out. 2011.

EISNER, E.; PESHKIN, A. (Ed.). Qualitative Inquiry in Education. New York: Teachers College Press, 1990.

FEENBERG, A.; BELLMAN, B. Social Factor Research in Computer Mediated Communications. In: HARASIN, L. M. (Ed.). Online Education: Perspectives on a New Environment. New York: Praeguer, 2004.

FERREIRA, A. B. DE H. Miniaurélio: o minidicionário da língua portuguesa. Curitiba: Positivo, 2008.

FIALHO, F. A. P. Introdução ao estudo da consciência. Curitiba: Gênesis, 1998.

FOG, A. Man Machine Interface: Compendium on User Friendly Design. 2000. Disponível em: <http://www.eit.ihk-edu.dk/subjects/mmi>. Acesso em: 16 out. 2011.

FRIESEN, N. Three Objections to Learning Objects and E-learning Standards. In: MCGREAL, R. (Ed.). Online Education Using Learning Objects. London: RoutledgeFalmer, 2004.

GADOTTI, M. Perspectivas atuais da educação. Porto Alegre: Artmed, 2000.

GARDNER, H. Inteligências múltiplas: a teoria na prática. Porto Alegre: Artes Médicas, 1993.

Garrison, D. R. Andragogy, Learner-centredness and the Educational Transaction at a Distance. Journal of Distance Education, Burnaby, BC, v. 3, n. 2, p. 123-127, 1988.

Gates, B. A estrada do futuro. São Paulo: Companhia das Letras, 1995.

Gibbons, A. S.; Nelson, J.; Richards, R. The Nature and Origin of Instructional Objects. In: Wiley, D. A. (Ed.). The Instructional Use of Learning Objects. Bloomington: Association for Educational Communications and Technology, 2000.

Gibbs, G. Learning by Doing: a Guide to Teaching and Learning Methods. 1988. Disponível em: <http://www2.glos.ac.uk/gdn/gibbs/index.htm>. Acesso em: 16 out. 2011.

Giddens, A. As consequências da modernidade. São Paulo: Edunesp, 1991.

Gil, A. C. Métodos e técnicas de pesquisa social. 4. ed. São Paulo: Atlas, 1996.

Goleman, D. Inteligência emocional. São Paulo: Objetiva, 1996.

Hagège, C. O homem dialogal: contribuição linguística. Lisboa: Edições 70, 1990.

Harvey, D. Condição pós-moderna. São Paulo: Edições Loyola, 1992.

Higgins, S. What are Metadata Standards? 2006. Disponível em: <http://www.dcc.ac.uk/resources/briefing-papers/standards-watch-papers/what-are-metadata-standards>. Acesso em: 16 out. 2011.

Hodgins, H. W. Into the Future. 2000. Disponível em: <http://www.dcc.ac.uk/resources/briefing-papers/standards-watch-papers#top#top>. Acesso em: 10 dez. 2011.

_____. The Future of Learning Objects. 2004. Disponível em: <http://reusability.org/read/chapters/hodgins.doc>. Acesso em: 16 out. 2011.

Holmberg, B. Growth and Structure of Distance Education. London: Croom Helm, 1986.

HUIZINGA, J. Homo ludens: o jogo como elemento da cultura. 4. ed. São Paulo: Perspectiva, 1996.

IMS GLOBAL LEARNING CONSORTIUM. IMS Content Packaging Information Model: Version 1.1.3. Final Specification, 12 june 2003. Disponível em: <http://www.imsglobal.org/content/packaging/cpv1p1p3/imscp_infov1p1p3.html>. Acesso em: 16 out. 2011.

JENKINS, H. et al. Confronting the Challenges of Participatory Culture: Midia Education for the 21st Century. [S.l.]: MacArhtur Foundation, 2006. Disponível em: <http://newmedialiteracies.org/files/working/NMLWhitePaper.pdf>. Acesso em: 29 nov. 2011.

KERLINGER, F. N. Metodologia da pesquisa em ciências sociais: um tratamento conceitual. São Paulo: EPU/Edusp, 1980.

KNOWLES, M. Andragogy in Action. San Francisco, CA: Jossey-Bass. 1993.

LAKATOS, E. M.; MARCONI, M. de A. Metodologia do trabalho científico. 4 ed. São Paulo: Atlas, 1997.

LÉVY, P. Cibercultura. São Paulo: Editora 34, 1999a.

_____. Inteligência coletiva: por uma antropologia do ciberespaço. 2. ed. São Paulo: Loyola, 1999b.

LIBÂNEO, J. C. Adeus professor, adeus professora: novas exigências educacionais e profissão docente. São Paulo: Cortez, 1998.

LINARD, M. Autoformation, éthique et technologies: enjeux et paradoxes de l'autonomie. In: ALBERO, B. (Ed.). Autoformation et enseignement supérieur. Paris: Hermès-Lavoisier, 2003.

LITWIN, E. (Org.). Educação a distância: temas para o debate de uma nova agenda educativa. Porto Alegre: Artmed, 2001.

LONGMIRE, W. Content and Context: Designing and Developing Learning Objects. Learning Without Limits, [S.l.], v. 3., 2000. (Informania).

LOURENÇO FILHO, M. B. Introdução ao estudo da Escola Nova. São Paulo: Melhoramentos, 1950.

LÜDKE, M.; ANDRÉ, M. E. D. A. Pesquisa em educação: abordagens qualitativas. São Paulo: EPU, 1986.

LYOTARD, J.-F. A condição pós-moderna. Rio de Janeiro: J. Olympio, 1998.

MAGALHÃES, A. M.; STOER, S. R. A escola para todos e a excelência acadêmica. Porto: Profedições, 2002.

MALMBERG, B. A língua e o homem: introdução aos problemas gerais da linguística. Rio de Janeiro: Nórdica, 1976.

MARTINEZ, M. Designing Learning Objects to Personalize Learning. 2002. Disponível em: <http://reusability.org/read/chapters/martinez.doc>. Acesso em: 16 out. 2011.

MATTAR, J. Filosofia da computação e da informação. São Paulo: LCTE Editora, 2009.

_____. Games em educação: como os nativos digitais aprendem. São Paulo: Pearson Prentice Hall, 2010.

MCGREAL, R. (Ed.) Online Education Using Learning Objects. London: RoutledgeFalmer, 2004.

MCLUHAN, M. Os meios de comunicação como extensão do homem. São Paulo: Cultrix, 1969.

MELLO, G. N. Diversidade não é desigualdade. 2005. Disponível em: <http://erudiobrasil.blogspot.com/2011/08/diversidade-nao-e-desigualdade.html>. Acesso em: 16 out. 2011.

MELLO, V. C. Q. Comunidades de aprendizagem e projetos colaborativos: desafios e vantagens. 1999. Disponível em: <http://www.oocities.org/vcqm/artigo.html>. Acesso em: 16 out. 2011.

MORAN, J. M. Mudanças na comunicação pessoal: gerenciamento integrado de comunicação pessoal, social e tecnológica. São Paulo: Paulinas, 1998.

MORIN, E. Os sete saberes necessários para a educação do futuro. São Paulo: Cortez, 2000.

_____. O pensar complexo. Rio de Janeiro: Garamond, 1999.

MUNHOZ, A. S. Um modelo para criação, uso e armazenamento de OA flexíveis. Tese (Doutorado em Engenharia de Produção) – Universidade Federal de Santa Catarina, Florianópolis, 2007.

NAISBITT, J. High tech, high touch: tecnologia e a nossa busca por significado. São Paulo: Cultrix, 2000.

NASH, S. S. The Problem with Learning Objects in Courses for the Military. 2005. Disponível em: <http://instructor.aviation.ca/content/view/137/71>. Acesso em: 16 out. 2011.

NEGROPONTE, N. A vida digital. São Paulo: Companhia das Letras, 1995.

NEVADO, R. A. DE. CARVALHO, M. J. S.; MENEZES, C. S. DE. Aprendizagem em rede na educação a distância: estudos e recursos para formação de professores. Porto Alegre: R. Lenz, 2007.

NICOLELIS, M. Muito além do nosso eu: a nova neurociência que une cérebros e máquinas. São Paulo: Companhia das Letras, 2011.

NIELAND, J. Guidelines for Creating Good Storyboards for the WWW. 1999. Disponível em: <http://www.public.iastate.edu/~nielandj/webarticle4.html>. Acesso em: 16 out. 2011.

NIELSEN, J. Usability 101: Introduction to Usability. 2003. Disponível em: <http://www.useit.com/alertbox/20030825.html>. Acesso em: 23 maio 2011.

NOVAK, J. D. Aprender, criar e utilizar o conhecimento. Lisboa: Plátano, 2000.

Nunes, C. Objetos de aprendizagem a serviço do professor. 2004. Disponível em: <http://www.microsoft.com/brasil/educacao/parceiro/objeto_texto.mspx>. Acesso em: 20 maio 2011.

Oliveira, E. S. G. et al. O processo de aprendizagem em uma perspectiva sócio-interacionista... Ensinar é necessário, avaliar é possível. 2004. Disponível em: <http://www.abed.org.br/congresso2004/por/htm/171-TC-D4.htm>. Acesso em: 16 out. 2011.

Orril, C. H. Learning Objects to Support Inquiry-based, Online Learning. 2011. Disponível em: <http://reusability.org/read/chapters/orrill.doc>. Acesso em: 23 maio 2011.

Orwell, G. 1984. São Paulo: Ed. Nacional, 2003.

Papert, S. A máquina das crianças: repensando a escola na era da informática. Porto Alegre: Artmed, 2008.

Pedagogia Diferenciada. Problemas e desafios. Lisboa: Centro de Formação Antonio Sérgio, 2003. Apostila digitada.

Peñalvo, F. G.; Guzman, C. L. Development of Learning Objects Repositories by Metadata Reutilization from a Digital Collection: From Dublin Core to IMS. 2006. Disponível em: <http://sunsite.informatik.rwth-aachen.de/Publications/CEUR-WS/Vol-117/paper22.pdf>. Acesso em: 16 out. 2011.

Peters, O. Didática do ensino a distância. Porto Alegre: Ed. da Unisinos, 2001.

Piaget, J. Biologia e conhecimento. Petrópolis: Vozes, 1996.

Pozo, J. I. Teorias cognitivas da aprendizagem. Porto Alegre: Artmed, 1999.

Prata, C. L.; Azevedo Nascimento, A. C. (Org.). Objetos de aprendizagem: uma proposta de recurso pedagógico. Brasília: MEC/Seed, 2007.

Rabuscke, R. A. Inteligência artificial. Florianópolis. Ed. da UFSC, 1995.

REDDEN, C. D. Andragogy: Hit and Myth. 2003. Disponível em: <http://www.ecollege.com/Newsletter/EducatorsVoice/EducatorsVoice-Vol4Iss2.learn>. Acesso em: 15 out. 2011.

RISCHBIETER, L. Metacognição. 2007. Disponível em: <http://www.educacional.com.br/glossariopedagogico/verbete.asp?idPubWiki=9585>. Acesso em: 16 out. 2011.

RUMBLE, G. A gestão dos sistemas de ensino a distância. Brasília: UnB/Unesco, 2003.

SCHWARTZ, T. Mídia, o segundo Deus. São Paulo: Summus, 1985.

SHEPERD, C. Objects of Interest. 2000. Disponível em: <http://www.fastrak-consulting.co.uk/tactix/features/objects/objects.htm#Objects%20defined>. Acesso em: 14 out. 2011.

SINGH, H. Introduction to Learning Objects. 2001. Disponível em: <http://www.elearningforum.com/meetings/2001/july/Singh.pdf>. Acesso em: 15 out. 2011.

SKIRME, D. J. From Knowledge Management to Knowledge Commerce. 1999. Disponível em: <http://www.skyrme.com/pubs/kmxmas99.htm>. Acesso em: 16 out. 2011.

TELLIS, W. Introduction to Case Study: The Qualitative Report. 1997. Disponível em: <http://www.nova.edu/ssss/QR/QR3-2/tellis1.html>. Acesso em: 16 out. 2011.

TOURAINE, A. Como sair do liberalismo. Bauru: Edusc, 1999.

_____. Crítica da modernidade. Petrópolis: Vozes, 1997.

TRINDADE, H. (Org.). A universidade em ruínas: na república dos professores. Petrópolis: Vozes, 1999.

VERDEJO, M. F. et al. Include Collaborative Learning Designs in a Learning Object Repository. 2002. Disponível em: <http://sensei.lsi.uned.es/ea2c2/articulos/Verdejo_AIED03.pdf>. Acesso em: 15 out. 2011.

WEGNER, P. Classification in Object-oriented Systems. ACM Press, [S.l.], v. 21, n. 10, p. 173-182, Oct. 1986.

WILEY, D. A. Connecting Learning Objects to Instructional Design Theory: a Definition, a Metaphor, and a Taxonomy. 2000. Disponível em: <http://www.mendeley.com/research/connecting-learning-objects-to-instructional-design-theory-a-definition-a-metaphor-and-a-taxonomy>. Acesso em: 16 out. 2011.

WITTGENSTEIN, L. Tratado lógico-filosófico. São Paulo: Edusp, 1994.

YIN, R. Case Study Research: Design and Methods. Beverly Hills, CA: Sage Publishing, 1984.

Nota sobre o autor

Antonio Siemsen Munhoz é engenheiro civil formado pela Universidade Federal do Paraná (UFPR), com aperfeiçoamento em Metodologia do Ensino Superior pelas Faculdades Integradas Espírita (Fies-PR); especialista em Tecnologia Educacional pela Sociedade Paranaense de Ensino e Informática (Spei-PR); Educação a Distância pela UFPR e Metodologia da Pesquisa Científica pelo Instituto Brasileiro de Pós-Graduação e Extensão (Ibpex-PR). Também é mestre e doutor em Engenharia da Produção pela Universidade Federal de Santa Catarina (UFSC), com ênfase em Educação a Distância.

Na vida corporativa, foi programador, analista de sistemas e CIO – *chief of information office*. Na vida acadêmica, foi docente em diversas disciplinas na área de tecnologia da informação. Possui pesquisas e trabalhos desenvolvidos na área de formação tecnológica de docentes e, na atualidade, sobre o desenvolvimento de objetos de aprendizagem.